LO QUE OTROS DICEN SOBRE GINA L. SMITH Y *ORACIONES DIARIAS PARA ENCONTRAR EL GOZO*

¡Gina Smith guía a las lectoras en un viaje de treinta días hacia el gozo! La autora reconoce que la búsqueda más eficaz del gozo es a través de la oración y la alabanza cristocéntricas. ¡Lee este libro y siéntete como una de las muchas personas que se sientan a la mesa de Gina con una taza de café en la mano, y claman en oración a la fuente de todo gozo: ¡Jesús!

—*Ronjour y Annie Locke*
Instructores, Southeastern Baptist Theological Seminary

Gina nos recuerda que encontrar el gozo puede ser un reto y Jesús lo sabe, pero a través de sus palabras e historias llenas de sabiduría, ella nos da las herramientas para enfrentar los momentos más difíciles y devastadores de la vida. *Oraciones diarias para encontrar el gozo* está cargado de revelaciones profundamente honestas y personales, así como de verdades bíblicas y maneras de ponerlas en práctica en el día a día. Volverás a leer este devocional una y otra vez.

—*Kate Battistelli*
Autora de *The God Dare* [Decide creer lo imposible];
copresentadora del *podcast Mom to Mom*

Abre tu corazón y prepárate para recibir la sabiduría de nuestra amiga, porque es la de alguien que tiene años de experiencia no solo siendo mamá de sus hijos y compartiendo un amor precioso con su esposo, sino también abriendo las puertas de su casa y de su corazón a un sinfín de estudiantes universitarios y parejas jóvenes. Su *sí* constante a amar a otros no es común en este mundo, y testifica acerca de su corazón rendido a los pies de Jesús. Es nuestra oración que, mientras lees, este amor fluya desde el corazón de Dios a través de las palabras de ella directamente a tu espíritu y a tu situación.

–Jordan Shimon y Kelsey Shimon
Pastores de la NewSong Church, Vienna, VA

Gina Smith es una mujer de la Palabra de Dios. La estudia, la examina y se esfuerza para aplicarla en su vida diaria. Tiene un corazón para la oración y para ser mentora de otras mujeres en su caminar con Jesús. ¡Esa combinación indica que vale la pena escucharla!

–Tricia Goyer
Autora de éxitos de venta por *Praying Through the Bible in a Year*
y *Praying for Your Future Husband*

A lo largo de los veintimuchos años que he conocido a Gina, su caminar con Dios ha sido de ejemplo y ánimo constantes. Su voz, llena de humildad y compasión nos enseña a permitir que la Palabra de Dios moldee nuestras almas mientras peleamos de rodillas por el gozo, confiando en que, a medida que Él suple nuestras necesidades con su mismísima esencia, nos dará también plenitud de gozo.

–Stephanie Van Gorden
Esposa de pastor, Hartland Center Community Church
Collins, OH

El corazón de Gina irradia una profunda compasión por los demás, ejemplificada a través de la autenticidad con la que vive amando, enseñando y animando a otros, retándolos a que sean más como Cristo. Su vida es un reflejo nítido de aquella amiga profundamente espiritual que ha vivido el caminar cristiano de un modo ejemplar y del cual todos podemos aprender.

−*Donna Heindel*
Esposa de pastor, Church of the Open Door, York, PA

Gina Smith es de esas mujeres que conoces tomando café y se convierten en amigas para toda la vida. Es amable, entretenida, sabia, íntegra, y tiene un sentido del humor maravilloso. Sé que sus palabras te bendecirán.

−*Susan J. Hein, LPC*
De Susan Hein Counseling

Mientras era misionera en el extranjero, los devocionales de Gina me abrazaban desde el otro lado del planeta con sus transcripciones tangibles y cristalinas de cómo el Espíritu de Dios desarrollaba en ella su salvación y santificación. Como meta final, quiero llegar a ser como Cristo; pero añadiría que, en esta vida, al igual que Gina, quiero ir de gloria en gloria hasta que estemos ante Él cara a cara.

−*Katie Rymer*
Misionera, International Mission Board

Gina siempre me ayuda a mirar el mundo a mi alrededor y observar las situaciones en las que me encuentro a través de los lentes del evangelio. La escucho porque sé que su compromiso con la Palabra de Dios es firme. La guía que nos da proviene de su propia experiencia al tener que pelear por obtener el gozo bíblico cuando el mundo parece que se nos viene encima. Esa actitud, así como una amiga que realmente desea servirte, es lo que encontrarás en *Oraciones diarias para encontrar el gozo.*

–*Brooke McGlothlin*
Autora y cofundadora de Million Praying Moms [Un millón de mamás que oran]

ORACIONES DIARIAS

— PARA ENCONTRAR EL —

GOZO

ORACIONES DIARIAS

DIARIAS

— PARA ENCONTRAR EL —

GOZO

Devocional y diario de reflexión de 30 días para la mujer

GINA L. SMITH

W

WHITAKER
HOUSE
Español

Traducción al español por:
Belmonte Traductores
www.belmontetraductores.com

Edición: Ofelia Pérez

Oraciones diarias para encontrar el gozo
Devocional y diario de reflexión de 30 días para la mujer

ISBN: 979-8-88769-031-5
E-book ISBN: 979-8-88769-032-2
Impreso en los Estados Unidos de América
©2023 por Gina Smith

Whitaker House
1030 Hunt Valley Circle
New Kensington, PA 15068
www.whitakerhouseespanol.com

Por favor, envíe sugerencias sobre este libro a: comentarios@whitakerhouse.com.

1 2 3 4 5 6 7 8 9 10 11 ᴜᴜ 30 29 28 27 26 25 24 23

DEDICATORIA

A mi familia: Brian, Brianna y Dani; Caleb y Nicole.
Ustedes han sido mi apoyo y mis mejores animadores, y
Dios les ha usado para ayudarme a pelear para encontrar
el gozo bíblico.
Son mi mayor fuente de gozo en este lado del cielo.

A mi mamá, Judy Earl.
Has peleado para encontrar el gozo bíblico toda tu vida.
¡Gracias por ser un ejemplo vivo de cómo se ve eso!

Y a mi Salvador, Aquel que me da un motivo para levantarme en la mañana y me promete que en esta vida hay
mucho más de lo que puedo ver ahora mismo. Eres mi
esperanza viva; el dador del verdadero gozo. Haces que
pueda tener todo *por sumo gozo* (Santiago 1:2).
Gracias por permitirme escribir acerca del gozo. Qué
bueno eres.

Todo lo que le entregues a Dios puede ser parte de tu camino hacia el gozo.

—*Elisabeth Elliot*

Hermanos míos, tened por sumo gozo cuando os halléis en diversas pruebas, sabiendo que la prueba de vuestra fe produce paciencia. Mas tenga la paciencia su obra completa, para que seáis perfectos y cabales, sin que os falte cosa alguna.

—Santiago 1:2-4

ÍNDICE

PRÓLOGO

¿Alguna vez has conocido a alguien que irradia gozo? Una risa contagiosa… una sonrisa hermosa… una risa que te atrapa y hace que quieras pasar con esa persona el máximo tiempo posible. Tal vez esa persona tiene pasión por la vida, así como el deseo ardiente de sacar el máximo provecho de cada momento, o la habilidad de encontrar el lado positivo de cualquier situación triste o difícil.

Yo no soy ese tipo de persona.

Siempre he querido ser alguien que rebosa de gozo, pero mi camino hacia el gozo no ha sido natural sino más bien arduo y trabajoso. Dios me ha regalado una personalidad seria y reservada, y soy la típica persona que le da demasiadas vueltas a todo. Me encanta reírme y disfruto como todos de pasar un buen rato, pero mi introversión, combinada con una tendencia a analizarlo todo hasta la saciedad y tomármelo todo personal, a menudo hace que sea difícil, si no imposible, que pueda relajarme y bajar la guardia. La mayoría de las veces tengo que elegir el gozo, pero no es porque no tenga nada por lo que estar agradecida. ¡Sí que lo tengo, y es mucho! Es porque la vida puede ser dura a veces, y yo soy de las que se lo toman personal.

Por suerte, el gozo no depende de las circunstancias y tampoco está reservado para quienes tienen una personalidad alegre y llamativa. Es para todos: introvertidos, extrovertidos, analíticos, despreocupados… porque el gozo viene de Jesús.

Primera de Pedro 1:8-9 (NVI) dice: *Ustedes lo aman a pesar de no haberlo visto; y, aunque no lo ven ahora, creen en él y se alegran con un gozo indescriptible y glorioso, pues están obteniendo la meta de su fe, que es su salvación.*

A lo largo de los años he aprendido que el gozo no es algo que puedo producir o crear por mí misma; por lo menos no el gozo verdadero que encontramos en la Biblia, y ese es el que todas queremos, ¿no es cierto? Queremos gozo duradero, inamovible, y que nos sorprenda en medio de los momentos difíciles. Según estos versículos, el gozo es algo con lo que podemos ser llenas hasta rebosar por el simple hecho de conocer a Jesús y que Él nos conozca a nosotras; sin embargo, hacer realidad esa verdad puede ser complicado.

¿Por qué Pedro le dice a la gente a la que se dirige que podían ser llenos de "un gozo indescriptible y glorioso", cuando no podían ver la mano de Dios, no entendían por qué tenían que atravesar dificultades, y seguramente estaban sufriendo por causa de su fe? Fíjate en la última parte del versículo. Está escrito ahí; podían tener un gozo glorioso porque amaban a Dios, creían en Jesús, y tenían la respuesta más importante a la necesidad más profunda de su alma: la salvación.

Nuestra salvación es la razón más grande, más real y más completa para tener gozo, y eso no nos lo pueden quitar.

En este diario de oración, mi querida amiga Gina Smith (que es una de las mujeres más sabias y apasionadas por el evangelio que conozco) te contará la historia de cómo ella decidió escoger el gozo, y te ayudará a enfocarte en lo que la Biblia dice sobre el tema. No te llevará a alcanzar un gozo que dure unos minutos. Es su oración que, a medida que medites en la verdad acerca del gozo bíblico, orando y saturándote de ella, la Palabra de Dios cambie tu corazón para que lo reflejes. De hecho, esa es la clave de todo esto. Las dos nos hemos dado cuenta, a raíz de nuestras propias prácticas personales, que orar la Palabra de Dios es una de las maneras más poderosas de orar que hay. No porque sea más santa que otras maneras de hacerlo, sino porque la Palabra de Dios es viva y eficaz (ver Hebreos 4:12), y hace exactamente lo que Dios quiere que haga (ver Isaías 55:11). Si eso es verdad, y yo creo con todo mi corazón que lo es, prepárate para cambiar de dentro hacia afuera a medida que la Palabra de Dios hace lo que mejor se le da: hacerte más semejante a Jesús y llenarte de un gozo duradero.

Sirviendo juntas,
Brooke McGlothlin

INTRODUCCIÓN

ACERCA DEL GOZO

Gozo. Me apropié de esta palabra hace algunos años cuando Dios nos llevó como familia a una temporada de circunstancias muy difíciles. Ocurrió una noche cuando no podía dormir. Sin hacer ruido, salí de puntillas al salón, me senté en el sillón y me arropé con una manta gruesa. La única luz que había en la habitación era la que irradiaban las tres letras que estaban sobre la estantería: "J-O-Y" (gozo en inglés). Allí sentada, comencé a reflexionar acerca de cuán difícil era la situación en la que estábamos: la pérdida de un ministerio en el que habíamos estado por más de veinticinco años, la pérdida de los padres de mi esposo, que eran los que más nos apoyaban y nos animaban a continuar, educar a dos hijos adultos, y mi entrada al nuevo y misterioso mundo de la ansiedad y la depresión. Lo que no sabía es que esto era solo el principio; habíamos entrado a una larga temporada de incertidumbre.

Esa noche, sabía que Dios quería darme su definición de gozo. No solo un entendimiento teórico de la palabra; no, eso no era lo que Él quería para mí. Quería que el gozo fuera una experiencia profunda de mi corazón y mi alma.

Él quería que yo experimentara el gozo.

Al principio, pensaba que en esos días difíciles debía *elegir el gozo* o *pelear para encontrar el gozo*, pero parecía que faltaba algo. Después de pasar un rato clamando a Dios, Él me mostró claramente que quería que yo aprendiera lo que significa "tener por sumo gozo".

Hermanos míos, tened por sumo gozo cuando os halléis en diversas pruebas, sabiendo que la prueba de vuestra fe produce paciencia. Mas tenga la paciencia su obra completa, para que seáis perfectos y cabales, sin que os falte cosa alguna.

—Santiago 1:2-4

Se me acabaron todos y cada unos de los recursos a los que me había estado aferrando, y me vi forzada a sentarme a solas delante del Señor. Él abrió mis ojos al hecho de que a menudo encuentro más gozo en las bendiciones que Él me da que en *Él*, que es quien me bendice. Necesitaba comenzar el proceso de aprender lo que significa encontrar el gozo solamente en Cristo.

Aquellos días difíciles y esa lección que cambió mi vida fueron solo el principio de lo que Dios usaría para prepararme para la temporada que estoy atravesando ahora. Desde ese momento, hemos experimentado más pérdidas y cambios, y estoy aprendiendo a "tener por sumo gozo" cuando mis circunstancias son difíciles y la vida cambia constantemente.

El gozo bíblico no es algo que viene y va; no depende de nuestras circunstancias. El gozo bíblico es algo que existe incluso cuando estamos sufriendo o atravesando una prueba complicada, porque está basado en el conocimiento de que Dios está presente, caminando con nosotras en nuestras pruebas, y ayudándonos a producir buen fruto en medio de ellas. Él las usará como plataforma para mostrar a los que están a nuestro alrededor su obra en nuestra vida.

VERDADES SOBRE EL GOZO

1. Dios quiere que Él mismo y lo que está haciendo en nuestras circunstancias y a través de ellas sean la fuente de nuestro gozo.

La clave del gozo cristiano es nuestro enfoque en este devocional y diario de reflexiones. Nuestra prioridad debe ser el Dios que nunca cambia, siempre está presente y nos ha prometido una eternidad con Él. Siempre lleva a cabo sus propósitos en nuestra vida y en el mundo, y podemos experimentar gozo en Él incluso cuando estamos pasando por tristeza, duelo o dolor, porque sabemos que Él no nos abandonará (ver Deuteronomio 31:6), hace que todo obre a nuestro favor (ver Romanos 8:28) y que todo sea para su gloria (ver Isaías 43:7).

2. *Debemos aprender a apartar nuestra mirada de las circunstancias y las incertidumbres de la vida, escogiendo en cambio ponerla en los propósitos de Dios.*

Dios quiere usar nuestro sufrimiento como una plataforma para que otros lo vean a Él y que el evangelio avance. Nada puede cambiar o robarnos el gozo que hemos experimentado a través de nuestro Padre que siempre está presente y nunca cambia (ver Romanos 15:13, 1 Tesalonicenses 5:16-18). Ninguna circunstancia puede robarnos el gozo que tenemos cuando nos enfocamos en Dios y en la gracia que Él nos ha mostrado y sigue mostrando (ver Juan 16:14, 22; 2 Corintios 3:18). Incluso en medio de las circunstancias más oscuras, podemos tener gozo sabiendo que Él está obrando en nosotras y a través nuestro para mostrar su fidelidad.

3. *El gozo es un fruto del Espíritu. Podemos tener el gozo verdadero incluso cuando estamos pasando por circunstancias muy difíciles.*

Uno de los resultados de tener al Espíritu Santo en nosotras es la evidencia de su semejanza en nuestra vida cotidiana. Pablo lo llama "el fruto del Espíritu" (Gálatas 5:22). Tener el gozo del Espíritu sin importar las circunstancias es un testimonio para aquellos que están a nuestro alrededor de que Dios es real en nuestras vidas.

Dios hará lo que haga falta para enseñarnos lo que es encontrar nuestro gozo únicamente en Él. Pero debo advertirte que, incluso después de haber experimentado lo que eso significa, el enemigo seguirá luchando para que busquemos nuestro gozo en las provisiones de Dios en lugar de en Dios mismo. Debemos aprender a encontrar nuestro gozo en Dios pues, de lo contrario, las circunstancias de la vida nos consumirán y no nos dejarán ver su mano en todo. Yo no quiero eso, ¡y sé que tú tampoco!

EL GOZO Y LA ORACIÓN DE LAMENTO

Cuando estamos atravesando circunstancias difíciles, debemos saber que no pasa nada por hacer preguntas complicadas. Mientras encontremos las respuestas a nuestros retos en Dios, no pasa nada. En su libro *Confiando en Dios aunque la vida duela*, Jerry Bridges describió este proceso continuado como nuestra "lucha con nuestra alma para que esta recuerde que hay un futuro". Escribió:

"La confianza no es un estado mental pasivo. Es un acto vigoroso del alma mediante el cual escogemos aferrarnos a las promesas de Dios a pesar de las adversidades que en ocasiones quieren abrumarnos. Incluso si el futuro cercano parece desolador, siempre hay un futuro eterno, así que permite que tu mirada traspase las circunstancias y se enfoque en la eternidad".[1]

La oración de lamento es la oración de un alma que sufre. Es una pelea con nuestra alma para recordar que hay futuro. Hasta hace poco, nunca había prestado mucha atención a las oraciones de lamento en la Biblia, y nunca pensé en usarlas en mi vida de oración. Sin embargo, después de estudiarlas durante un tiempo, he llegado a creer que Dios nos dio las oraciones de lamento para ayudarnos a procesar el sufrimiento que enfrentamos en esta vida. Cuando no las usamos o no las entendemos, realmente nos estamos perdiendo la experiencia de acudir a Aquel que nos ama más que nadie, que puede sanar nuestros corazones y ayudarnos a llegar

---

1. Jerry Bridges, *Confiando en Dios aunque la vida duela* (Colombia: CLC, 2014), p. 214.

al punto en el que nuestra mirada traspase nuestras circunstancias para enfocarse en la eternidad. Lamentarse es la manera en que nos presentamos ante Dios cuando la vida nos abruma.

En el libro de los Salmos vemos este tipo de oración cuando el autor se enfrenta a circunstancias muy difíciles. Vemos cómo clama a Dios pidiendo que Él lo libre de determinada dificultad, a menudo enumerando sus quejas, describiendo su sufrimiento y clamando a Dios pidiendo ayuda. En el Nuevo Testamento, Jesús nos dio un ejemplo de lamento cuando llevó la carga de sufrir una muerte horrible en la cruz para pagar el precio por los pecados del mundo. Al pasar por su agonía en la cruz, clamó lo mismo que dice Salmos 22:1 y que se registra en Mateo 27:46: *Elí, Elí, ¿lama sabactani? Esto es: Dios mío, Dios mío, ¿por qué me has desamparado?* (ver también Marcos 15:34).

EL LAMENTO: UN MODELO BÍBLICO

LAS ORACIONES DE LAMENTO HACEN PREGUNTAS

A menudo tenemos muchas preguntas que nos dan vueltas en la cabeza y le preguntamos a Dios por qué estamos pasando por esa prueba, por qué parece que Él no responde a nuestras oraciones, dónde está Él cuando sufrimos, cuánto tiempo más permitirá que dure nuestro sufrimiento, y otras inquietudes similares en relación con nuestras dificultades.

LAS ORACIONES DE LAMENTO SON PARA RECORDAR

Debemos acudir ante Dios con nuestras preguntas y abrir nuestros corazones a Él; pero en una oración de lamento también se llega finalmente a recordar la verdad del carácter de Dios y las cosas que las Escrituras nos cuentan que Él ha hecho en el pasado. No deberíamos utilizar la Palabra de Dios como si fuera una píldora mágica que Él nos prescribe: "Tómate dos versículos y llámame en la mañana". Como destaca Bridges: "Escogemos aferrarnos a las promesas de Dios a pesar de las adversidades que en ocasiones quieren abrumarnos".[2] Esta es una decisión que tendremos que tomar cada día, incluso cada minuto.

LAS ORACIONES DE LAMENTO TIENEN UN OBJETIVO

Después de recordar quién es Dios y lo que Él ha hecho, Dios nos reta, con cariño y amor, a aferrarnos a la esperanza que solo podemos encontrar en Él.

¡HAGÁMOSLO JUNTAS!

Al escribir cada una de las oraciones de lamento de este libro y leer cada versículo, se convirtieron en el clamor de mi corazón, que después se transformó en las oraciones sinceras que he comparto aquí desde lo más profundo de mi ser. Escribir este libro ha transformado mi manera de lidiar con los sufrimientos de la vida porque me ha recordado que no solo está bien orar de esta forma, sino que también es una herramienta vital que Dios nos ha dado para ayudarnos a procesar el sufrimiento y permitirle redirigir nuestros ojos a Él, encontrar nuestro gozo y esperanza en quién es Él, lo que ha hecho, y el futuro que nos ha prometido a nosotras, sus hijas.

¡Es mi oración que a ti te influencie de la misma manera!

Estamos juntas en esto, clamando y buscando nuestro gozo y esperanza en Dios.

---

2. *Ibid.*

EL MÉTODO PIENSA, ORA Y ALABA PARA LA ORACIÓN DIARIA

Brooke McGlothlin
Cofundadora de Million Praying Moms

Cuando comencé a orar por mis propios hijos, me inspiraron dos verdades importantes acerca de la Palabra de Dios:

1. *Porque la palabra de Dios es viva y eficaz, y más cortante que toda espada de dos filos; y penetra hasta partir el alma y el espíritu, las coyunturas y los tuétanos, y discierne los pensamientos y las intenciones del corazón* (Hebreos 4:12).

2. *Así es también la palabra que sale de mi boca: No volverá a mí vacía, sino que hará lo que yo deseo y cumplirá con mis propósitos* (Isaías 55:11, NVI).

Si estos dos versículos eran ciertos (y yo creía que sí lo eran), ¡me pareció que lo mejor que podía hacer era orar la Palabra de Dios! Debido a que esta experiencia fue tan profunda para mí, es la misma que he utilizado para enseñar a otras mujeres a orar. Yo lo llamo el método "Piensa, ora, alaba". No tiene ningún misterio, es simplemente una forma práctica y bíblica de orar declarando la Palabra de Dios sobre ti misma o sobre las personas a las que amas. También es el método que usamos en el diario de oraciones diarias de *Million Praying Moms*. Permíteme que camine contigo paso a paso.

PIENSA

En la página de cada día, te damos un versículo con el que puedes orar para que sea fácil seguir este método de oración. Sin embargo, siempre puedes buscar tú misma en las Escrituras algún versículo con el que quieras orar. Después de haberlo escogido, reflexiona sobre él, procésalo, y medita en tu versículo. Si tienes tiempo, lee algunos de los versículos que están antes y después del que has escogido, o incluso el capítulo entero de la Biblia, para que tengas el contexto adecuado y lo entiendas mejor. Piensa en lo que Dios te está hablando al corazón a través de su Palabra y a través de ese versículo. Sueña con el futuro y con lo que implicaría ver el mensaje de ese versículo hacerse realidad en tu propia vida o en las vidas de tus hijos. Analiza el texto y descubre qué oraciones vienen a tu mente.

ORA

Mi deseo durante casi diez años ha sido dejar que mis oraciones sean inspiradas por la Palabra de Dios. Pongo mucho empeño en intentar no sacar versículos de contexto, o usarlos para un propósito o significado diferentes al que Dios tenían en mente para ellos. Leer los versículos en su contexto, como acabo de sugerir, ayuda mucho con esto. Una vez que he escogido un versículo, lo transformo en oración. Por lo regular intento mantenerlo tal cual, palabra por palabra, lo máximo posible; y después dirijo esa oración a Dios. Puedes ver un ejemplo del "Versículo del día" y la oración que sacamos de él en las páginas diarias de este libro.

Cuando tienes tu versículo y tu oración, utiliza los pensamientos que vienen a tu mente como punto de partida para que la Palabra de Dios te dirija y dé forma a tus oraciones.

ALABANZA

¡La alabanza es mi parte favorita de este método de oración! Alabar a Dios es como ponerte unos lentes de color de rosa: literalmente cambia tu modo de mirar el mundo que te rodea.

Ann Voskamp, autora de mayores ventas del *New York Times*, escribió lo siguiente:

> "Los valientes que se enfocan en todo lo bueno, en todo lo hermoso y en todo lo verdadero, incluso en las cosas pequeñas, dando gracias por ello y descubriendo el gozo del aquí y ahora, son los agentes de cambio que traen la luz más brillante a este mundo. Estar gozosa no es lo que te hace estar agradecida. Estar agradecida es lo que te hace estar gozosa".[3]

Cuando nos detenemos para reflexionar intencionalmente en las cosas buenas que Dios está haciendo en nuestra vida en este momento, todo cambia (me refiero incluso a las cosas más insignificantes que tenemos que esforzarnos para ver, como tener que limpiar para recibir a un grupo de estudio bíblico en casa. Puede que no quieras limpiar, ¡pero al menos sabes que llegan personas para hablar contigo sobre la Biblia!). En lugar de enfocarnos en todo lo que no tenemos o lo que no nos gusta (como limpiar), la gratitud por lo que sí tenemos (estar con hermanos y hermanas en Cristo) florece en nuestros corazones, haciendo que estemos verdaderamente gozosas. Cada día intento escribir algunas cosas por las que estoy agradecida, alabando a Dios por su obra continuada de gracia en mi vida.

UN EXTRA

Seguramente te has fijado en que las páginas diarias tienen unos espacios para hacer listas. Me *encanta* esa sección porque me

---

3. Ann Voskamp, *One Thousand Gifts: A Dare to Live Fully Right Where You Are* (Nashville, TN: W Publishing Group, 2010).

he dado cuenta de que, cuando me siento a orar, mi mente se llena de todas las cosas que tengo que hacer en el día. Siempre me pasa. Todos los días. Siento que la urgencia de mi horario empieza a tomar el control, distrayéndome del tiempo en la Palabra de Dios y la oración que necesito tan desesperadamente. Apartar un minuto para anotar rápidamente mi lista de quehaceres antes de comenzar es como *descargar* todo lo que satura mi cerebro cada día. Si escribo la lista, ya no se me olvidará lo que tengo que hacer ese día, y eso me libera para poder emplear el tiempo que he decidido pasar en oración sin que la preocupación me lo robe.

PETICIONES DE ORACIÓN

Interceder a favor de otros es parte de ser una mujer de oración. Mi vida cambió literalmente el día en que una buena amiga me agarró de las manos y me dijo: "Oremos por esto ahora mismo", en lugar de decir: "Estaré orando por ti". No siempre podrás orar por otros en persona, pero llevar un registro de sus necesidades en una lista de oración como la que encontrarás abajo a la izquierda de las páginas diarias, es una buena manera de asegurarte de ser fiel para cubrirles en oración.

¡VE!

El camino de oración que tienes por delante me emociona mucho. Cada día comienza con un devocional que ha sido escrito específicamente para ti, y termina con algunos versículos y preguntas extra para reflexionar que son la manera perfecta de llevar tu estudio del gozo al siguiente nivel o compartirlo con un grupo. ¡A partir de ahora te consideramos parte de la familia de *Million Praying Moms*! (Un millón de mamás que oran). Conecta con nosotras en www.millionprayingmoms.com y mantennos al día de las cosas que Dios está haciendo en tu vida mientras oras.

DÍA 1

EL GOZO DE
LOS BUENOS REGALOS

LECTURA: SANTIAGO 1

Hermanos míos, tened por sumo gozo cuando os halléis en diversas pruebas, sabiendo que la prueba de vuestra fe produce paciencia. Mas tenga la paciencia su obra completa, para que seáis perfectos y cabales, sin que os falte cosa alguna.

—Santiago 1:2-4

Estoy enfrentando una prueba en este momento, y no hay nada que pueda hacer para cambiar eso. Estas circunstancias están totalmente fuera de mi control y sé que solo Dios puede dar la vuelta a las cosas. Cada mañana me levanto y quiero tomar el control y manipular la situación para que vaya como yo quiero que vaya, pero incluso si intentara intervenir de algún modo, no hay garantía de que las cosas mejorarán. De hecho ¡hasta podrían empeorar!

Me he visto forzada a quedarme callada y orar. Tengo que poner mi confianza en el Dios que puede crear algo de la nada y transformar corazones de piedra en corazones de carne (ver Ezequiel 36:26). No me queda de otra que aferrarme a Dios, día a día, y necesito recordar que toda cosa buena en mi vida (y todas ellas) está ahí porque Él lo ha permitido. Cuando ocurren cosas que no parecen tan buenas, aun así debo tenerlas "por sumo gozo" (Santiago 1:2), porque están produciendo cosas buenas en mí.

La carta de Santiago reta a los lectores a pensar en cómo debería ser la fe verdadera en la vida de un creyente. Él escribió a cristianos que estaban dispersos por el mundo y experimentaban sufrimiento de diferentes tipos, retándolos de maneras que, humanamente hablando, no tenían sentido. Él quería que aprendieran lo que significaba tenerlo todo "por sumo gozo" cuando atravesaban pruebas, y recordarles la obra que Dios podía hacer en sus vidas cuando decidían hacer eso.

¿Cómo se supone que se hace eso? ¿Qué debemos hacer cuando nuestros corazones están rotos por relaciones familiares dañadas, cuando pasamos por la muerte de un ser querido, o cuando sufrimos traición en alguna de sus formas? ¿Qué ocurre cuando perdemos un empleo o tenemos dolores crónicos que los médicos no pueden explicar? ¿Cómo podemos contar como gozosas esas situaciones?

En el primer capítulo del libro de Santiago se nos dice que deberíamos ver nuestras pruebas como buenos regalos de parte de Dios. ¿Cómo podemos decir que las cosas difíciles que enfrentamos son *buenas* cuando hacen que sea difícil hasta levantarse de la cama cada día? La clave es que debemos reconocer que Dios nos las entrega para que fortalezcan nuestra fe. Si podemos decidir mirar las pruebas de ese modo, las experiencias que normalmente serían *malas* podrían convertirse realmente en las cosas donde encontramos el gozo.

Los cristianos a los que Santiago escribió esta carta originalmente estaban experimentando "diversas pruebas" (Santiago 1:2, NVI). Es bastante probable que esas pruebas incluyeran pobreza y persecución. No sé tú, pero yo personalmente no he experimentado nunca la pobreza, y si he sufrido algo de persecución a lo largo de los años ha sido mínima comparada con la que estarían enfrentando aquellos cristianos. Todas hemos enfrentado diferentes tipos de pruebas y, en estos versículos, Santiago nos anima a ver todos nuestros sufrimientos y pruebas a través de los ojos de Dios, sin importar cuán grandes o pequeñas puedan ser. Él quiere que las veamos como una fuente de gozo.

PARA PENSAR

Santiago no nos está diciendo que estaremos (o que debamos de estar) contentas en medio de las pruebas. Es importante que entendamos que las emociones que sintamos cuando enfrentamos dificultades son normales, e incluso dadas por Dios. Está bien llorar cuando nos han hecho daño, pasar por el duelo cuando hemos experimentado una pérdida, y sentirnos cargadas cuando alguno de nuestros hijos sufre. Tenerlo todo "por sumo gozo" significa que, a medida que pasamos tiempo en la presencia de Dios y Él nos ayuda a ver su perspectiva eterna, somos retadas a aferrarnos a Dios y buscar en Él nuestra fortaleza. Podemos tenerlo todo "por sumo gozo" porque podemos llegar a conocerlo mejor a Él y experimentar su gracia en tiempos de necesidad (ver Hebreos 4:16). Podemos tener esperanza cuando nuestras circunstancias parecen no tenerla. Se nos da la oportunidad de pedir sabiduría y escuchar lo que Él tiene que decir. Tenemos la oportunidad de experimentar la fidelidad de Dios. ¡Y se nos dan oportunidades para confiar en Él y ver cómo hace su obra en nosotras mismas y en otros!

Pero tenemos que escoger esta mentalidad. Debemos conocer la verdad y declararla a nosotras mismas para que pueda crecer en nosotras cuando más la necesitemos. Puede que no tengamos el control de nuestras circunstancias, pero podemos controlar cómo las vemos y respondemos a ellas.

Cuando escoges confiarle a Dios las cosas que te cargan o te rompen el corazón, estás escogiendo enfocar tu mente "en las cosas de arriba, no en las de la tierra" (Colosenses 3:2), concentrarte en lo eterno y no en lo temporal (ver 2 Corintios 4:18), y poner tu esperanza en Él y no en las cosas o en las personas que te rodean (ver Salmos 146). Cuando haces esto, puedes aferrarte a esta promesa:

Bienaventurado el varón que soporta la tentación; porque cuando haya resistido la prueba, recibirá la corona de vida, que Dios ha prometido a los que le aman. —Santiago 1:12

MÁS VERSÍCULOS PARA ESTUDIAR Y ORAR

Mateo 5:12; Lucas 6:22-23; Romanos 5:3; Hebreos 11:36; 1 Pedro 1:6-8.

VERSÍCULOS DEL DÍA

Hermanos míos, tened por sumo gozo cuando os halléis en diversas pruebas, sabiendo que la prueba de vuestra fe produce paciencia. Mas tenga la paciencia su obra completa, para que seáis perfectos y cabales, sin que os falte cosa alguna.
—Santiago 1:2-4

ORACIÓN

Padre, ¡este mandamiento es difícil de cumplir! Tú dices que me darás la capacidad de controlar mi manera de responder ante circunstancias difíciles aunque estén fuera de mi control. Ayúdame hoy a recordar tu promesa de que la prueba de mi fe produce paciencia, y que todos mis sufrimientos tienen un propósito. Ayúdame a aprender, crecer, hacerme más fuerte, ¡y gozarme a medida que eso ocurre!

PIENSA:

ORA:

_____

_____

_____

ALABA:

_____

_____

_____

PENDIENTES: LISTA DE ORACIÓN:

_____   _____

_____   _____

_____   _____

PREGUNTAS PARA UNA REFLEXIÓN MÁS PROFUNDA

1. ¿Cuándo ha usado Dios una temporada de pruebas para hacer algo en ti y a través de ti? ¿Qué fue lo que te ayudó a perseverar en medio de esa prueba?

_____

_____

2. En tus propias palabras, describe lo que significa tenerlo todo "por sumo gozo" en medio de una prueba.

_____

_____

DÍA 2

EL GOZO DE NUESTRA ESPERANZA VIVA

LECTURA: 1 PEDRO 1

A quien amáis sin haberle visto, en quien, creyendo, aunque ahora no lo veáis, os alegráis con gozo inefable y glorioso; obteniendo el fin de vuestra fe, que es la salvación de vuestras almas. —1 Pedro 1:8-9

No habíamos tenido vacaciones en mucho tiempo, así que decidimos que sería una buena idea ir a la playa. Yo esperaba encontrar algún lugar que aún no hubiéramos visitado, y quería encontrar una casa que tuviera espacio suficiente para que nuestros hijos y sus cónyuges pudieran acompañarnos.

Con mucha ilusión comencé a visitar varias páginas de internet de casas para rentar, y con esmero comparé una foto tras otra de casas preciosas en la playa. Después de leer descripciones, reseñas y calificaciones de varias casas, finalmente encontré la casa perfecta que suplía todas nuestras necesidades y deseos, así que reservé lo que yo imaginaba que era una casa preciosa en un lugar de ensueño.

Durante las siguientes semanas soñábamos con las vacaciones perfectas en la playa: las comidas que prepararíamos, los juegos que haríamos, estar tumbados en la playa, dar paseos, y disfrutar de la compañía de la familia. La emoción y la expectación por lo que vendría me ayudaron a esperar con paciencia la fecha de nuestro viaje.

Cuando finalmente llegó el día, metimos las maletas en el auto y viajamos con emoción hasta nuestro destino. Cuando llegamos, la realidad era radicalmente diferente a la imagen que habíamos creado en nuestra mente y de lo que habíamos visto en la página de internet.

La casa de la playa, recientemente reformada, estaba en una zona que no era segura. La playa y el paseo entablado estaban abandonados. Las fotos que habían publicado en el internet eran de las mejoras que habían hecho, con la esperanza de atraer visitantes potenciales, a lo que en su día había sido una abarrotada y próspera comunidad costera. Además, no había nada para hacer en el lugar en el que nos quedábamos, lo que hizo que tuviéramos que conducir un trecho para comer algo decente o hacer alguna actividad.

Aunque la pasamos bien como familia, el lugar y los pocos días que estuvimos allí fueron, más que nada, decepcionantes. Lo que habíamos anticipado durante semanas, terminó siendo completamente diferente a lo que nos habían prometido. Habíamos puesto nuestra esperanza en un lugar precioso, y nos decepcionó.

El libro de 1 Pedro describe cuán bendecidas somos en Cristo y habla de nuestra "esperanza viva", la cual existe gracias a la muerte y resurrección de Jesús (ver 1 Pedro 1:3). Pedro describe la herencia que tenemos como hijas de Dios; una herencia prometida que nos da propósito y una razón para encontrar el gozo en medio del sufrimiento. Gracias a esa promesa, tenemos motivos para tener gozo mientras esperamos y anticipamos lo que sabemos que nos espera.

Primera de Pedro 1:8-9 nos dice que, aunque no hemos visto a Dios con nuestros propios ojos, podemos amarlo. Debido a que Él nos amó primero, podemos no solo aprender a amarlo; y su amor por nosotros lo lleva a revelarse de manera tan misteriosa que podemos experimentar su presencia, conocerlo y amarlo incluso sin haberlo visto físicamente. Podemos tener una relación con Él porque abre nuestros ojos a las verdades de su Palabra. Esta verdad nos permite perseverar, aunque seamos extranjeras y peregrinas en este mundo. Aunque experimentemos sufrimiento en esta tierra, podemos perseverar con gozo en el corazón sabiendo que el cielo no nos decepcionará y que podemos confiar en que Dios hará lo que ha prometido. Esta esperanza viva le da propósito a nuestra vida y a nuestras pruebas, y debería desatar en nosotras un amor más profundo por Él y una dependencia mayor en nuestros corazones.

PARA PENSAR

El gozo no es algo que solo experimentaremos en el futuro cuando todo sea hecho nuevo, cuando recibamos la herencia prometida, o cuando veamos a Jesús cara a cara. El gozo es algo que podemos experimentar hoy, cada día, al decidir aferrarnos a Él, a sus promesas y a la esperanza que tenemos al pensar en el gozo supremo que tendremos en ese día final.

¡No nos decepcionará!

MÁS VERSÍCULOS PARA ESTUDIAR Y ORAR

Isaías 35:10; Juan 20:29; 2 Corintios 4:18; Efesios 3:19.

VERSÍCULOS DEL DÍA

A quien amáis sin haberle visto, en quien, creyendo, aunque ahora no lo veáis, os alegráis con gozo inefable y glorioso; obteniendo el fin de vuestra fe, que es la salvación de vuestras almas. —1 Pedro 1:8-9

ORACIÓN

Padre, gracias por el regalo de tu Hijo. No puedo verlo, pero lo amo porque Él me amó primero. Que el gozo de

mi salvación sobreabunde hoy en todo lo que haga y diga,
para que quienes están cerca de mí sean atraídos a Él.

PIENSA:

_____

_____

_____

ORA:

_____

_____

ALABA:

_____

_____

_____

PENDIENTES: LISTA DE ORACIÓN:

PREGUNTAS PARA UNA REFLEXIÓN MÁS PROFUNDA

1. ¿A veces te resulta difícil sentir que realmente amas a Dios por no poder verlo físicamente? En ese caso, ¿qué haces durante esos momentos?

_____

_____

2. ¿Qué versículos te ayudan a seguir avanzando en momentos de duda y entender lo que significa amar a alguien a quien no puedes ver?

_____

_____

EL GOZO DEL DIOS DE LA ESPERANZA

LECTURA: ROMANOS 15

Y el Dios de esperanza os llene de todo gozo y paz en el creer, para que abundéis en esperanza por el poder del Espíritu Santo. —Romanos 15:13

Yo siempre había querido ir a una universidad cristiana para prepararme para algún tipo de trabajo ministerial a tiempo completo. También quería ir a una universidad en la que estuviera rodeada de una comunidad cristiana de creyentes de mi edad y, por supuesto, mi anhelo era conocer y casarme con un hombre que estuviera comprometido con Jesús y que hubiera sido llamado también al ministerio a tiempo completo.

Durante mi último año de la secundaria era evidente que no iba a poder pagar la universidad y que mi sueño de ir a una universidad cristiana no iba a hacerse realidad. Tendría que vivir en casa, buscar un empleo y trabajar a jornada completa. Después de graduarme de la secundaria pasé el verano viajando con un grupo misionero. Fue una experiencia increíble que alimentó mi deseo de toda la vida de ir a una universidad cristiana, estudiar la Biblia y prepararme para algún trabajo ministerial. Pero, al final de ese verano, regresé a casa y tuve que enfrentarme a la realidad de que la mayoría de mis amigos se habían ido a la universidad y yo había sido dejada atrás con sueños sin cumplir. Eso me rompió el corazón.

Encontré empleo en una tienda del centro comercial de mi ciudad, pero estaba muy triste. Todos los días me levantaba, me vestía, y conducía para llegar a un trabajo que aborrecía. Con cada día que pasaba, perdía un poco más la esperanza de que lo que anhelaba hacer con mi vida fuera una realidad algún día. Finalmente, al haber perdido toda esperanza, llegué a la conclusión de que Dios se había olvidado de mí, e intenté acabar con mi vida.

Desde entonces, ha habido muy pocos momentos en mi vida en los que he tenido tan poca esperanza. Al ir envejeciendo, he aprendido dónde están fundamentados mi esperanza y mi propósito, incluso en los momentos más difíciles. Pero a la edad de dieciocho años no entendía esta realidad por completo, y no sabía cómo acudir al Dios de la esperanza para encontrar el gozo y la paz en medio de lo que parecían circunstancias imposibles.

Dios tuvo misericordia de mí y me ayudó a pasar por esos días oscuros y sin esperanza. Siempre estaré agradecida por las personas preciosas que Él trajo a mi vida para ayudarme a fortalecerme en Dios, y que caminaron conmigo mientras crecía en mi fe. Cuatro años después de graduarme de la secundaria, mi sueño por fin se hizo realidad. Después de trabajar a jornada completa y orar para que Dios proveyera el dinero que necesitaba, llegué por fin al campus de una universidad cristiana. Estaba más que emocionada por estar allí, y no pasó mucho tiempo antes de que empezara a empaparme de todos los aspectos posibles de esa experiencia: el compañerismo cristiano, amigos cercanos, la vida en la residencia de estudiantes, la independencia, mentores consagrados, risas, noches sin dormir, comida basura a media noche, fines de semana de regreso en casa para ver a mis amigos; y, por supuesto, la oportunidad de estar sumergida en el estudio de la Palabra de Dios. ¡Estaba viviendo mi sueño!

Romanos es un libro que nos dice que Jesús se convirtió en la esperanza no solo de los judíos, sino también de los gentiles. Nuestro versículo del día es una oración que Pablo hizo por el pueblo de Dios. Su deseo era que pudieran tener esperanza, gozo, paz y poder.

Dios es un Dios de esperanza. De hecho, uno de sus nombres más hermosos es *el Dios de la esperanza*. Él es la única fuente de esperanza que tenemos en esta vida, y es quien le da sentido. En mi mente joven, a los dieciocho años, pensaba que mi gozo y mi paz dependían del cumplimiento de mis sueños y deseos. No sabía lo que Dios tenía planeado para mi futuro, y pensaba que Él me había abandonado. Por supuesto, ahora sé que Él nunca lo hace.

PARA PENSAR

El deseo de Pablo era que los creyentes confiaran en Dios y, al hacerlo, crecieran en su fe para que el verdadero gozo brotara de sus corazones, dándoles estabilidad a pesar de cuáles fueran las circunstancias. Él sabía que eso les ayudaría a perseverar en su caminar con Dios, y a transformar toda incredulidad en una confianza sólida e inamovible en Dios. Pablo oró fervientemente, pidiéndole a Dios que no les diera tan solo una esperanza basada en la promesa de que sus circunstancias cambiarían o que obtendrían lo que deseaban. No, él quería algo mejor para ellos, y oró para que experimentaran la esperanza que solo el Espíritu Santo puede dar, ¡y que solo se obtiene a través de la promesa de nuestro Padre, el Dios de la esperanza!

De la misma manera que Pablo experimentó esto por sí mismo y lo vio en los creyentes de su tiempo, nosotras también podemos vivirlo de primera mano, y hacer de nuestra experiencia una oración por nuestros hermanos y hermanas en Cristo. ¿Estás llena de gozo y paz? ¿Tienes esperanza que sobreabunda? Este es el deseo de Dios para el corazón y la mente de todos los creyentes.

Nota: si estás pensando en quitarte la vida, por favor contacta con un pastor, un amigo o una línea telefónica de ayuda contra el suicidio. Puedo decirte, desde mi experiencia, que tienes opciones mejores que esa, ¡y estoy orando por ti!

MÁS VERSÍCULOS PARA ESTUDIAR Y ORAR

Salmos 96:12; Isaías 55:12; Juan 14:1-27; Romanos 14:17.

VERSÍCULO DEL DÍA

Y el Dios de esperanza os llene de todo gozo y paz en el creer, para que abundéis en esperanza por el poder del Espíritu Santo. —Romanos 15:13

ORACIÓN

Padre, tú eres la única fuente duradera de esperanza que tengo en esta vida, y me das la esperanza de la vida eterna. Ayúdame a confiar hoy en ti y haz crecer mi fe, porque sé que es la única forma de poder experimentar el gozo y la paz verdaderos.

PIENSA:

_____

_____

_____

ORA:

_____

_____

_____

ALABA:

_____

_____

_____

PENDIENTES: LISTA DE ORACIÓN:

_____   _____

_____   _____

_____   _____

PREGUNTAS PARA UNA REFLEXIÓN MÁS PROFUNDA

1. ¿Has pasado por una época en la que parecía que no tenías esperanza? ¿Qué circunstancias te hicieron sentir así?

_____

_____

2. ¿Qué versículos podrían darte esperanza cuando no la tengas?

_____

_____

DÍA 4

EL GOZO DE SER ENCONTRADA

LECTURA: LUCAS 15

Os digo que así habrá más gozo en el cielo por un pecador que se arrepiente, que por noventa y nueve justos que no necesitan de arrepentimiento. —Lucas 15:7

El papá de mi esposo era uno de los hombres más amables, generosos y piadosos que he conocido. Creció en la década de los años treinta y cuarenta cuando muchos de los ciudadanos de nuestro país tenían valores que consideraríamos conservadores. De hecho, la mayoría de las personas de nuestro país seguramente se consideraban cristianas y asistían a la iglesia con regularidad. Mi suegro partió al cielo con Jesús en el año 2016, justo antes de cumplir noventa años, pero aún recuerdo cuando hablaba de cómo eran las cosas antes, y de que el mundo había cambiado drásticamente desde que él era niño. Contaba que había visto suceder cosas que nunca pensaba que vería en su vida.

Unos meses antes de que muriera mi suegro, mi esposo y yo viajamos, como tantas otras veces, por la carretera que llevaba a la residencia donde él había vivido los últimos doce años. Necesitaba atención médica continua, y estaba conectado a un monitor que medía sus constantes vitales a todas horas. Ese día, cuando entramos a su pequeño apartamento de una habitación, él estaba viendo las noticias en televisión. Nos sentamos con él y comenzamos a conversar sobre las noticias que estaban reportando. Después de unos minutos, una enfermera entró a su habitación para revisar sus signos vitales.

"Señor Smith", dijo ella, "creo que debería apagar el televisor. Su corazón está acelerado porque está estresado".

Él le aseguró que se sentía bien, pero eso no era lo que reflejaba el monitor. No era consciente del modo en que su cuerpo estaba respondiendo a los eventos inquietantes que veía en las noticias, así que la enfermera apagó el televisor y nos sugirió que lo dejáramos apagado durante el resto del día.

Vivimos en un mundo que cada día se ha vuelto más malvado. ¿Cómo te afecta lo que ves que está ocurriendo en nuestra sociedad y en el mundo? Los cristianos que creemos en la Biblia estamos, indudablemente, en minoría. Igual que mi suegro, veo que ocurren cosas a mi alrededor que nunca pensé que vería en mi vida, y eso me estresa con facilidad, tentándome a creer la mentira de que nuestro mundo no tiene esperanza. Sin embargo, las parábolas en Lucas 15 me recuerdan que esa manera de pensar no es bíblica, y tampoco es un reflejo del corazón de Dios.

Cada parábola en Lucas 15 habla sobre algo valioso que se perdió y luego se encontró. Jesús compartió estas parábolas porque los fariseos estaban molestos porque lo habían invitado a la casa de quienes ellos consideraban pecadores. Aunque Jesús y sus enseñanzas no les molestaban en exceso, detestaban que pasara tiempo con aquellos que eran considerados marginados o despreciables. Jesús respondió a los fariseos hablándoles de una oveja perdida, una moneda perdida, y un hijo perdido. Al contar cada parábola, compartió el modo en que Dios ve a aquellos que están perdidos, y todo lo que Él está dispuesto a hacer para buscarlos y ponerlos a salvo.

En la parábola de la oveja perdida, vemos que el Señor deja las noventa y nueve ovejas que no están perdidas y va a buscar a aquella que se ha extraviado. Cuando finalmente la encuentra, la levanta, la pone sobre sus hombros y la lleva de regreso a casa donde estará a salvo. Después de llegar a casa, reúne a todos y hace una fiesta para celebrar que la que estaba perdida ha sido encontrada. Nuestro versículo del día representa el corazón de un Pastor amoroso que ha encontrado a su oveja perdida.

PARA PENSAR

La estampa de la celebración por una oveja perdida que ha sido hallada y rescatada refleja la esencia del corazón de Dios: cada persona que está perdida tiene valor y fue creada a su imagen. A sus ojos, no hay marginados. Todos los perdidos son personas que Él ama y perseguirá, encontrará y salvará. En estos versículos vemos el gozo que Dios, así como todas las huestes celestiales, experimentan cuando un perdido es encontrado. Sin importar cuán mal se pongan las cosas en este mundo, la esperanza no está perdida porque Dios sigue buscando a aquellos que están perdidos.

Podemos enfrentar cada día con esperanza, porque sabemos que Dios es un Dios que sigue buscando y salvando a los perdidos. Si nosotras hemos sido encontradas y salvadas, podemos tener gozo en nuestros corazones sean cuales sean nuestras circunstancias, porque sabemos que somos salvas y que seremos guardadas por toda la eternidad por un Padre amoroso que nos encontró, nos puso sobre sus hombros, nos llevó a casa y nos dio vida nueva en Él. Podemos tener gozo eterno porque sabemos que todo el cielo se unió a Dios para hacer una fiesta cuando fuimos rescatadas.

Así de valiosos somos todos para Dios.

MÁS VERSÍCULOS PARA ESTUDIAR Y ORAR

Mateo 18:13; Lucas 15:6, 10, 32.

VERSÍCULO DEL DÍA

Os digo que así habrá más gozo en el cielo por un pecador que se arrepiente, que por noventa y nueve justos que no necesitan de arrepentimiento. —Lucas 15:7

ORACIÓN

Padre, gracias por abrir mis ojos al evangelio y hacerme ver mi necesidad desesperada de un Salvador. No hay mayor milagro que el de una persona cuyo corazón es cambiado. Sé que tú eres el único que puede hacer ese cambio en mí. ¡Gracias por gozarte en mí!

PIENSA:

_____

_____

_____

ORA:

_____

_____

_____

ALABA:

_____

_____

_____

PENDIENTES: LISTA DE ORACIÓN:

_____   _____

_____   _____

_____   _____

PREGUNTAS PARA UNA REFLEXIÓN
MÁS PROFUNDA

1. ¿Te resulta difícil comprender el amor que Dios siente por ti? ¿Por qué crees que hay tanto gozo en el cielo cuando un pecador se arrepiente?

_____

_____

2. ¿Se te ocurre algún momento específico en el que te diste cuenta de que necesitabas arrepentirte y entregarle tu vida a Dios? Si es así, apunta la fecha o el momento en que te diste cuenta de ello.

_____

_____

DÍA 5

EL GOZO DEL SEÑOR ES MI FUERZA

LECTURA: NEHEMÍAS 8

Luego les dijo: Id, comed grosuras, y bebed vino dulce, y enviad porciones a los que no tienen nada preparado; porque día santo es a nuestro Señor; no os entristezcáis, porque el gozo de Jehová es vuestra fuerza. —Nehemías 8:10

A medida que mis hijos fueron llegando a la edad en la que eran más conscientes de sus fracasos y comenzaron a aprender lo que era estar verdaderamente tristes por algo que habían hecho mal, sentí la urgencia de guiarlos desde esa tristeza y arrepentimiento al gozo que supone ese crecimiento que estaban experimentando. Quería que supieran, sin lugar a dudas, que eran perdonados y amados incondicionalmente; pero también quería que vieran el cuadro completo. Incluso si tomaban una mala decisión o se equivocaban en algo, quería que se dieran cuenta de que estaban en proceso de crecer, aprender y madurar. Cuando me decían: "Perdón por fracasar, mamá", yo les respondía: "Estás aprendiendo. ¡Eso es bueno!". Quería que dejaran atrás la tristeza y entraran en el gozo de ver su propio crecimiento.

Ahora que mis hijos son adultos y se han casado, podemos animarnos unos a otros con esta verdad. Durante los últimos tres años y medio, en el proceso de aprender a ser padres de hijos casados, no hemos hecho todo perfectamente. De hecho, nos hemos equivocado varias veces. A medida que mis hijos han aprendido a priorizar a sus cónyuges y a vivir sus propias vidas, en ocasiones nos hemos herido los sentimientos. Hemos estado aprendiendo cómo vivir este nuevo estilo de vida, ¡y es una transición difícil! En varias ocasiones hemos tenido que recordarnos unos a otros que estamos aprendiendo. Intentamos no enfocarnos en los fracasos, sino en pedir perdón y aprender a hacerlo mejor.

En el libro de Nehemías vemos que lo habían hecho gobernador y, aunque tuvo muchos obstáculos y le opusieron resistencia, no titubeó en su misión de reconstruir el templo. Dependía de la fuerza y la provisión de Dios, y terminó el trabajo. Nehemías quería que las personas estuvieran llenas de agradecimiento hacia Dios por cómo Él les había provisto y protegido, pero ellos no estaban agradecidos y no se estaban gozando.

Después de leer la Palabra de Dios (la ley), comprendieron que no habían estado siguiendo sus caminos. El pueblo lloró porque se dieron cuenta de que habían vivido de un modo que no agradaba a Dios. Al inicio, llorar era la respuesta apropiada porque demostraba que sus corazones no estaban endurecidos y que estaban llenos de arrepentimiento. Pero no podían quedarse ahí, llorando; tenían que seguir adelante y dejar eso atrás. Dios es un padre amoroso, y por eso quería restaurarlos y llevarlos al crecimiento y al aprendizaje. ¡Quería que encontraran el gozo!

En el versículo 10, Nehemías les dijo a los israelitas que no tenían que estar tristes. Él sabía que se habían arrepentido y querían seguir los caminos de Dios, ¡y eso era algo por lo que alegrarse! Pero también quería que vieran que habían sido invitados a dejar atrás el pasado y empezar a vivir de otra manera. Podían alegrarse por su nueva devoción a Dios; ya no tenían que caminar en condenación por su fracaso.

Nehemías le dijo a su pueblo: "No os entristezcáis, porque el gozo de Jehová es vuestra fuerza". ¿A qué se refería con eso?

Cuando nuestros ojos son abiertos para ver que no somos condenadas aunque hayamos fallado, y que ese fracaso no nos define, podemos dejar atrás nuestras lágrimas de arrepentimiento y entrar al gozo del Señor. Podemos encontrar fuerza cuando nos enfocamos en la verdad, ¡y nuestras lágrimas pueden transformarse en gozo que viene del Señor!

Cuando escogemos tener el gozo del Señor, somos más fuertes.

Cuando escogemos tener el gozo del Señor, tenemos fuerzas para perseverar.

Cuando escogemos tener el gozo del Señor, podemos resistir ante los ataques.

PARA PENSAR

El gozo del Señor no es una emoción. Lo experimentamos cuando escogemos dejar atrás nuestros fracasos y enfocarnos en la gracia que Dios ha derramado sobre nosotros, el perdón que Él nos ofrece, y las verdades de su Palabra que nos enseñan y nos hacen crecer. El gozo del Señor debe ser lo que nos dé energía, fuerza y poder espiritual.

Sí, puede que lloremos cuando nos arrepentimos del pecado que Dios nos muestra en nuestra vida; sin embargo, cuando entendemos la Palabra de Dios y nos aferramos a ella, podemos avanzar hacia el gozo a medida que sus preciosas promesas se hacen realidad en nuestras vidas, del mismo modo que los israelitas encontraron esperanza y aprendieron que el gozo del Señor era su fuerza.

MÁS VERSÍCULOS PARA ESTUDIAR Y ORAR

Deuteronomio 26:11-13; Salmos 28:7-8; Eclesiastés 2:24; 3:13.

VERSÍCULO DEL DÍA

Luego les dijo: Id, comed grosuras, y bebed vino dulce, y enviad porciones a los que no tienen nada preparado; porque día santo es a nuestro Señor; no os entristezcáis, porque el gozo de Jehová es vuestra fuerza. —Nehemías 8:10

ORACIÓN

Padre, sé que cuanto más tiempo pase en tu Palabra entendiéndola mejor, más consuelo hallaré en las palabras que están escritas en ella. Ayúdame a conocerte mejor para que pueda encontrar en ti la fuerza y el gozo que tú das a los que te pertenecen. Te pido que renueves mis fuerzas espirituales para que, como tú prometiste en Isaías 40:31, pueda correr y no cansarme, así como caminar y no fatigarme.

PIENSA:

ORA:

ALABA:

PENDIENTES: LISTA DE ORACIÓN:

_____   _____

_____   _____

_____   _____

PREGUNTAS PARA UNA REFLEXIÓN
MÁS PROFUNDA

1. ¿Te resulta difícil apartar tiempo para leer la Palabra? ¿Qué cosas te impiden hacerlo?

_____

_____

2. ¿Qué harás esta semana para apartar tiempo y hacer lo que es más importante?

_____

_____

DÍA 6

EL GOZO DE ANIMAR A OTROS

LECTURA: FILEMÓN 1

Pues tenemos gran gozo y consolación en tu amor, porque por ti, oh hermano, han sido confortados los corazones de los santos.
—Filemón 1:7

Nunca olvidaré los días que pasé con mi amiga Bonnie. Ella me abrió las puertas de su casa y de su familia de un modo que nunca antes había experimentado. Pasó tiempo conmigo a pesar de que en ese momento yo era una muchacha universitaria con muchas cosas que trabajar aún en mi carácter, y me animó con amor y cariño en mis primeros años de maternidad. Su hogar estaba lleno de amor, ánimo, risas, hospitalidad sencilla y, sobre todo, un amor servicial y humilde por Jesús. Ella me enseñó a amar a mi esposo y a mis hijos, y me enseñó acerca de Dios con su ejemplo y nuestros tiempos de estudio bíblico. Siempre estaré agradecida por aquellos años que pasamos juntas.

El hogar de Bonnie había sido transformado por el evangelio, y ella era generosa en gracia. Nunca le oí decir algo negativo, y durante los pocos momentos en los que le vi enfrentar algunas situaciones dolorosas con otros creyentes, ella siempre habló bien de ellos. Yo sabía que ella siempre estaba lista para perdonar y mostrar gracia. Puedo decir con seguridad que, incluso hoy, ella recibiría y amaría a cualquier persona, independientemente de quién fuera o lo que hubiera hecho.

Su vida y su ejemplo me han acompañado durante los años, aunque perdimos el contacto. Ella es alguien a quien yo siempre he querido imitar, e inmediatamente se me viene a la mente cuando leo el versículo de hoy.

Pablo había pasado tres años en Éfeso predicando el evangelio. Durante ese tiempo, un hombre muy rico llamado Filemón escuchó el evangelio, fue salvo, e inmediatamente comenzó a abrir su casa para que los creyentes se reunieran. Quería servir a Dios de todas las maneras posibles.

Onésimo, uno de los siervos de Filemón, robó algo de la casa de su señor y huyó a Roma con la esperanza de pasar desapercibido en esa gran ciudad y que no lo encontraran. Dios, en su soberanía, hizo que Onésimo entrara en contacto con Pablo, escuchó el evangelio, entregó su vida a Cristo, y se convirtió en amigo y ayudante de Pablo, que estaba encarcelado en Roma. Pablo, sabiendo que Onésimo era un fugitivo y que tenía relaciones rotas que debían ser arregladas, le escribió a Filemón, diciéndole que la vida de Onésimo había sido transformada. Pablo le pidió que recibiera a Onésimo otra vez en su casa "como hermano amado" (v. 16). Animó a Filemón a que entablara una nueva relación con su antiguo esclavo, lo cual hubiera sido, en la cultura greco-romana de la época, algo muy difícil y poco común. Pablo apostaba por una reconciliación radical.

PARA PENSAR

¿Cómo sabía Pablo que podía pedirle eso a Filemón? Porque había estado en su casa. Había visto de primera mano el cambio en su vida después de oír y recibir el evangelio, y sabía lo mucho que Filemón amaba y servía a los creyentes allí.

Como dice Pablo en el versículo 7: "Porque por ti, oh hermano, han sido confortados los corazones de los santos". Filemón tenía fama de amar a sus hermanos y hermanas en Cristo y de animarlos mucho. El simple recuerdo del tiempo que habían pasado juntos alentaba mucho a Pablo, y recordar el amor que había experimentado en la casa de Filemón hizo que Pablo tuviera la confianza de pedirle que recibiera de nuevo en su casa a su antiguo esclavo, que lo viera con ojos de gracia, y lo amara como el hermano en Cristo que era ahora.

¿Conoces a alguien con quien acabas sintiéndote renovada y animada al pasar tiempo juntos? Y lo que es más importante, ¿produces gozo a los demás al intentar animarlos? ¿Eres conocida por ser accesible y estar dispuesta a perdonar y amar a aquellos que te han hecho daño? Me encanta que Pablo sabía que podía hacerle esa petición a Filemón por la amistad que los unía. Él sabía que podía enviar al ofensor de regreso al ofendido y se convertirían en hermanos amados.

MÁS VERSÍCULOS PARA ESTUDIAR Y ORAR

Segunda de Corintios 7:4, 13; 1 Tesalonicenses 3:9; Filemón 1:20.

VERSÍCULO DEL DÍA

Pues tenemos gran gozo y consolación en tu amor, porque por ti, oh hermano, han sido confortados los corazones de los santos.   —Filemón 1:7

ORACIÓN

Padre, te pido que me des un corazón que mire por los demás, y que mi amor por aquellos que tú has puesto en mi vida crezca. Por favor, enséñame hoy a quién quieres que contacte para animarlo y alentarlo. Por favor, ayúdame a estar dispuesta a dar generosamente de las muchas bendiciones que tú me has dado, para que otros puedan experimentar el gozo y el consuelo que vienen de ti.

PIENSA:

_____

_____

_____

ORA:

_____

_____

_____

ALABA:

_____

_____

_____

PENDIENTES: LISTA DE ORACIÓN:

_____   _____

_____   _____

_____   _____

PREGUNTAS PARA UNA REFLEXIÓN MÁS PROFUNDA

1. ¿Te acuerdas de algún momento en el que te sentiste animada y renovada después de pasar tiempo con alguien? ¿Qué tenía esa persona que hizo que te sintieras así?

_____

_____

2. ¿Se te ocurre alguien a quien podrías animar y alentar hoy? Si la repuesta es sí, ¿cómo lo harás?

_____

_____

DÍA 7

EL GOZO DE LA ADORACIÓN

LECTURA: SALMOS 27

*Luego levantará mi cabeza sobre mis enemigos que me rodean,
y yo sacrificaré en su tabernáculo sacrificios de júbilo; cantaré
y entonaré alabanzas a Jehová.*   —Salmos 27:6

En este salmo vemos dos extremos de David: un David confiado y un David desesperado. Confía en que Dios puede protegerlo; y está desesperado porque Dios lo rescate de sus enemigos. Está confiado porque en el pasado ya ha experimentado la bondad de Dios; y desesperado por tener la confirmación de que Dios lo ayudará en el futuro.

David confiaba en el Señor. Sabía que Dios podía protegerlo, y lo había comprobado una y otra vez; sin embargo, David también clamó a Dios pidiendo que lo rescatara de aquellos que querían acabar con su vida en ese momento. Él sabía de lo que Dios es capaz, pero aun así tenía miedo de quienes querían matarlo.

¿Te sientes identificada con David en su transición de la confianza al temor? ¡Yo sí! Aunque puede que no tenga sentido, podemos confiar en Dios y en sus promesas y al mismo tiempo experimentar ansiedad o temor. Es una respuesta humana normal.

Entonces, ¿qué hizo David? Tomó una decisión, ofreciendo con alegría sacrificios al Señor y cantándole. Comienza a darle gracias a Dios y a recordar las promesas que ha recibido.

Recordar la promesa de la presencia de Dios hizo que David se gozara y diera gracias; le dio algo a lo que aferrarse mientras enfrentaba circunstancias aterradoras. Después de recordar eso, adoró, porque vino a su memoria todo lo que Dios había hecho y las victorias que Él había ganado. Eso lo llenó de gratitud y alegría.

PARA PENSAR

Dios nos promete que cuando lo busquemos, recibiremos fuerza de parte de Él. *El Señor recorre con su mirada toda la tierra, y está listo para ayudar a quienes le son fieles. Pero de ahora en adelante tendrás guerras, pues actuaste como un necio* (2 Crónicas 16:9, NVI). No somos inmunes a las dificultades, pero podemos tener la sensación de estar a salvo y el conocimiento de que Dios es fiel en medio de nuestros problemas. Podemos tener esa misma confianza en todas las circunstancias de la vida.

Me encanta el ejemplo de David al ofrecer un sacrificio de gozo. Él decidió centrarse en las victorias y en la provisión de Dios cuando estaba en medio del miedo y el peligro. Eso significaba poner a un lado todo temor y ansiedad para enfocarse en lo que le daría esperanza.

Cuando decidimos adorar a Dios, aprovechamos el privilegio de tener acceso ininterrumpido a Dios y a su presencia; decidimos habitar en la confianza y el gozo, independientemente de lo que esté ocurriendo a nuestro alrededor. Decidimos ofrecer un sacrificio de gozo.

MÁS VERSÍCULOS PARA ESTUDIAR Y ORAR

Salmos 3:3; 13:6; 95:1; 107:22.

VERSÍCULO DEL DÍA

Luego levantará mi cabeza sobre mis enemigos que me rodean, y yo sacrificaré en su tabernáculo sacrificios de júbilo; cantaré y entonaré alabanzas a Jehová.   —Salmos 27:6

ORACIÓN

Padre, te adoro y te doy gracias por todo lo que has hecho en mi vida. Siempre me has mostrado misericordia. Eres el Padre de misericordias, el Dios de todo consuelo, y Aquel que me bendice. Ayúdame a ser consciente de ti en este día y a agradecer todo lo que has hecho en mi vida. Hoy ofreceré a ti sacrificios de alabanza con el corazón lleno de gozo.

PIENSA:

_____

_____

_____

ORA:

_____

_____

ALABA:

_____

_____

_____

PENDIENTES: LISTA DE ORACIÓN:

_____   _____

_____   _____

_____   _____

PREGUNTAS PARA UNA REFLEXIÓN MÁS PROFUNDA

1. Toma un tiempo para echar la vista atrás a tu vida. ¿Puedes ver cuán misericordioso ha sido Dios contigo?

_____

_____

2. ¿Qué puedes hacer hoy para ser más consciente de la misericordia de Dios en tu día a día?

_____

_____

DÍA 8

EL GOZO DE UNA RESPUESTA ADECUADA

LECTURA: PROVERBIOS 15

Es muy grato dar la respuesta adecuada, y más grato aún cuando es oportuna. —Proverbios 15:23 (NVI)

Un domingo, al irnos de la iglesia después del servicio de la mañana, nos encontramos con Phil, un querido amigo, que nos preguntó cómo estábamos. Conversar con Phil me anima mucho porque sé que, cuando hablamos, es porque de verdad le interesa lo que tenemos que decir. Él siempre es transparente con las cosas que está atravesando y lo que Dios le está enseñando, y siempre me he sentido bendecida después de cada conversación que he tenido con Él.

Ese domingo en particular compartió con nosotros lo que Dios le había estado enseñando al haber pasado por cambios importantes en su vida y en su trabajo. Nos contó con sinceridad cómo se sintió al principio de la prueba y cómo Dios había usado su Palabra en esas circunstancias para mostrarle el cuadro completo desde una perspectiva bíblica. Como habíamos pasado por un cambio similar en nuestras propias vidas, mi esposo y yo escuchamos con atención mientras Phil hablaba. Esa breve conversación, de camino al auto un domingo en la mañana, terminó siendo una de esas conversaciones que te cambian la vida, te inspiran, y ajustan tu perspectiva en el momento exacto en que lo necesitabas.

Al despedirnos, le dije a Phil que agradecía mucho que hubiera compartido eso con nosotros, y que realmente necesitaba escuchar las lecciones que él había estado aprendiendo. Respondió con humildad, diciendo: "¿Eso te ayudó? ¡Qué bueno! ¡Me alegro!".

Una respuesta adecuada y una *palabra oportuna* pueden hacer referencia a muchos elementos diferentes de las conversaciones: enseñanza, consejos, una respuesta apropiada o una exhortación. Cualquier palabra dicha en el momento justo puede ser usada por Dios para dar dirección o animar a otra persona. Esas palabras tienen el potencial y el poder de influenciar a los demás para bien y de ser usadas por el Espíritu Santo para ministrar a través de esa persona que ha conectado con Él y que está abierta a su dirección, pidiéndole a Dios que lo use con sus palabras. Cuando nuestras palabras son "con gracia, sazonada con sal" (Colosenses 4:6), estamos sirviendo a otros, ministrando la gracia de Dios al que escucha.

Esas palabras pueden producir también gozo a quien las dice. Qué increíble que Dios, en su gracia, nos use para decir lo que Él quiere comunicar a otros. Qué bendición es saber que, de alguna manera, hemos abierto la boca y hemos dado palabras de ánimo para fortalecer a un hermano o hermana en Cristo.

PARA PENSAR

En un solo día decimos muchas palabras. Nuestras palabras tienen el poder de edificar y bendecir, o de destruir y desalentar. Mientras más nos llenemos con la Palabra de Dios y estemos abiertas a la guía de su Espíritu, más probable es que seamos usadas por Él para dar "una respuesta adecuada" o una "palabra oportuna". Lo interesante es que Dios no solo usa nuestras palabras para bendecir a otros, sino que ser usadas por Dios de esa manera nos producirá gozo también a nosotras.

Los caminos de Dios realmente son mejores, ¿no crees?

MÁS VERSÍCULOS PARA ESTUDIAR Y ORAR

Proverbios 12:14; 16:13; 25:11; Isaías 50:4.

VERSÍCULO DEL DÍA

Es muy grato dar la respuesta adecuada, y más grato aún cuando es oportuna. —Proverbios 15:23 (NVI)

ORACIÓN

Padre, te pido que las palabras que hable hoy sean palabras que produzcan gozo a otros. Te pido que mi corazón esté sintonizado con tu Espíritu Santo para que pueda responder con las palabras que tú quieras que use, y eso sea una bendición para ellos.

PIENSA:

ORA:

ALABA:

PENDIENTES: LISTA DE ORACIÓN:

_____   _____

_____   _____

_____   _____

PREGUNTAS PARA UNA REFLEXIÓN MÁS PROFUNDA

1. ¿Qué tipo de cosas hacen otras personas que te bendicen o te producen gozo?

_____

_____

2. ¿Puedes pensar en alguien que te haya dado "una respuesta adecuada" en el momento preciso? Tal vez tú puedes hacer lo mismo por ellos contactándolos y diciéndoles lo mucho que te han animado y cómo Dios los ha usado para bendecirte.

_____

_____

DÍA 9

EL GOZO A LA MAÑANA

LECTURA: SALMOS 30

Cantad a Jehová, vosotros sus santos, y celebrad la memoria de su santidad. Porque un momento será su ira, pero su favor dura toda la vida. Por la noche durará el lloro, y a la mañana vendrá la alegría… Has cambiado mi lamento en baile; desataste mi cilicio, y me ceñiste de alegría. Por tanto, a ti cantaré, gloria mía, y no estaré callado. Jehová Dios mío, te alabaré para siempre. —Salmos 30:4-5, 11-12

Es como un soplo de aire fresco, como una mañana soleada de primavera después de un invierno largo y frío, como abrir una ventana, o como el olor de las flores que entra por la ventana de la cocina, iluminada por el sol. Es como una limonada helada en un caluroso día de verano, o como despertarse con energía después de una noche de descanso reparador. ¿De qué estoy hablando? ¡Del gozo que llega a la mañana!

Pero ¿qué significa eso exactamente? Este ha sido uno de mis pasajes favoritos de las Escrituras para estudiar, ¡porque describe de manera hermosa el modo en que me he sentido tantas veces a lo largo de mi vida!

En el Salmo 30 vemos que David acaba de salir de una temporada en la que ha visto cómo Dios lo rescató de los ataques de sus enemigos, respondió a sus oraciones desesperadas, lo sanó cuando estaba enfermo, y lo salvó de la muerte. Su tiempo de llorar llegó a su fin, y ahora ha entrado a una temporada de paz y descanso. Está experimentando el gozo que llega a la mañana.

¡Dios había aliviado su sufrimiento!

Este salmo retrata a un hombre cuyo corazón rebosa de gratitud. David reflexiona acerca de su vida, la cual ha estado saturada del cuidado, la provisión y la libertad de Dios. Abrumado, David comparte su experiencia para que cualquiera que lo escuche pueda aprender a ver su vida del mismo modo. Lo hace proclamando su deseo de bendecir "al Señor en todo tiempo" (Salmos 34:1, NVI), cantar alabanzas, y darle gracias, animando a aquellos que estaban con él a hacer lo mismo.

PARA PENSAR

Todas hemos pasado por momentos de lloro. Ya sea que esos momentos hayan durado meses, años, semanas o días, cuando pasamos a una temporada de alivio y descanso encontramos el gozo. Pero esa temporada de gozo no es solo para nuestro propio disfrute, sino que también podemos tomarnos el tiempo, como David, de mirar atrás a nuestros momentos de lamento y llanto para ver todas las maneras en que Dios nos ha fortalecido, sostenido y ayudado. Podemos proclamar su bondad cuando compartimos la evidencia, grande o pequeña, de su mano que ha intervenido en nuestra vida para guiarnos y ayudarnos a perseverar. Cuando vemos todo lo que Él ha hecho, podemos hacer lo que hizo David en estos versículos: ¡bendecir y alabar con entusiasmo a nuestro Dios!

MÁS VERSÍCULOS PARA ESTUDIAR Y ORAR

Salmos 16:11; 21:6; 36:7-9; 63:3; 126:5.

VERSÍCULO DEL DÍA

Cantad a Jehová, vosotros sus santos, y celebrad la memoria de su santidad. Porque un momento será su ira, pero su favor dura toda la vida. Por la noche durará el lloro, y a la mañana vendrá la alegría… Has cambiado mi lamento en baile; desataste mi cilicio, y me ceñiste de alegría. Por tanto, a ti cantaré, gloria mía, y no estaré callado. Jehová Dios mío, te alabaré para siempre.　　　　　—Salmos 30:4-5, 11-12

ORACIÓN

Padre, gracias por tu promesa de que el sufrimiento y el cansancio por el que estoy pasando son temporales. El dolor, el duelo, la tristeza y la enfermedad que estoy atravesando no tendrán la última palabra sobre mi vida. Tú tienes la última palabra, y el gozo sí llegará a la mañana. Gracias por tu promesa de que el gozo llegará y que, un día, todas nuestras lágrimas serán secadas de nuestros ojos por toda la eternidad.

PIENSA:

_____

_____

_____

ORA:

_____

_____

_____

ALABA:

_____

_____

_____

PENDIENTES: ## LISTA DE ORACIÓN:

_____   _____

_____   _____

_____   _____

PREGUNTAS PARA UNA REFLEXIÓN MÁS PROFUNDA

1. ¿Te sientes cansada hoy? Si es así, ¿qué ha hecho que llegues a este punto?

_____

_____

2. Lee otra vez el versículo de hoy. ¿Qué dice y de qué forma te anima?

_____

_____

DÍA 10

EL GOZO DE AMAR
A NUESTRO HERMANO

LECTURA: ROMANOS 14

*Porque el reino de Dios no es comida ni bebida, sino justicia,
paz y gozo en el Espíritu Santo.* —Romanos 14:17

En mis primeros días como mamá, pasé por una temporada en
la que veía todo blanco o negro, correcto o incorrecto, bien o mal.
Con el corazón lleno de temor, haciendo un esfuerzo por tomar
el control de todo lo que pudiera afectar a mi hogar y a mis hijos,
comencé a caminar por el peligroso y tóxico camino del legalismo.
Los asuntos que en su día fueron convicciones en mi vida se convirtieron en *la ley*. Tristemente, al pensar de ese modo, lo que yo
creía que era discernimiento al considerar diversos asuntos, me
hizo juzgar a aquellos que hacían las cosas de manera diferente.

Por suerte, Dios abrió mis ojos para que pudiera ver cuán
destructivo era el camino en el que estaba, y con misericordia me
guio a un modo más bíblico de mirar la vida y mirar a los demás.
Hasta el día de hoy, me cuesta ver fotografías que fueron tomadas
en esa etapa. Mientras que los demás verán una versión más joven
de mí y de mi familia, lo que yo veo es una actitud del corazón que
me caracterizaba en ese entonces. Me duele pensar en lo que les
impuse a mis hijos y a los demás.

En Romanos 14 vemos a Pablo hablando con valentía de cómo
son llamados los creyentes a tratarse unos a otros cuando tienen

convicciones diferentes sobre asuntos que no tienen respuestas claras. Se dirige a aquellos creyentes que se sentían con la libertad de hacer cosas que bajo la ley de Moisés estaban prohibidas, y básicamente les dice: "¡No presuman de su libertad! ¡No se juzguen los unos a los otros! No se aferren a su libertad si esta hace que otro tropiece". Estaba animando a los creyentes a aceptarse unos a otros incluso cuando tenían convicciones diferentes. Pablo podría haber defendido a uno de los grupos, pero los animó a no despreciar a aquellos que pensaban diferente.

La fe de otro creyente es más importante que nuestras opiniones sobre temas menos importantes. Tenemos que encontrar formas de relacionarnos los unos con los otros en amor, aunque no estemos de acuerdo en algunas cosas.

PARA PENSAR

Es fácil pasar a una manera de pensar carente de amor y llena de juicio. Hace falta mucha oración, tiempo en la Palabra, y nutrir nuestra relación con Dios para que esa actitud pecaminosa del corazón sea expuesta y cambie. A veces, puede ser tan sutil que ni la reconocemos por lo que es.

Es importante recordar que, aunque nuestra libertad en Cristo y nuestras convicciones son importantes, no son el enfoque principal. El premio supremo es el reino de Dios. Somos justificadas porque Dios dice que lo somos en el momento en que aceptamos su regalo de la salvación. La paz y el gozo llegan porque el Espíritu Santo viene a nuestra vida, y nuestra seguridad no proviene de nuestras acciones sino de nuestra relación con Dios.

Una actitud de crítica o juicio hacia otra persona nunca es justificable, así como tampoco lo es anunciar con orgullo nuestra *libertad en Cristo*. Nuestro enfoque debería estar en fortalecer a nuestros hermanos y hermanas en Cristo, amarlos, y darle gracias a Dios por sus bendiciones como miembros del cuerpo de Cristo.

MÁS VERSÍCULOS PARA ESTUDIAR Y ORAR

Mateo 6:33; 7:16; Romanos 15:13; Gálatas 5:22.

VERSÍCULO DEL DÍA

Porque el reino de Dios no es comida ni bebida, sino justicia, paz y gozo en el Espíritu Santo.   —Romanos 14:17

ORACIÓN

Padre, gracias por declararme justa ante tus ojos, y gracias porque mi lugar contigo está asegurado. Sé que puedo depender de la muerte de Cristo en la cruz, la cual ha cubierto mi pecado, y no tengo que hacer nada para ganarme la salvación. Ayúdame a experimentar la paz y el gozo que solo tu Espíritu puede darme mientras camino hoy en esta realidad.

PIENSA:

_____

_____

_____

ORA:

_____

_____

_____

ALABA:

_____

_____

_____

PENDIENTES: LISTA DE ORACIÓN:

_____   _____

_____   _____

_____   _____

PREGUNTAS PARA UNA REFLEXIÓN
MÁS PROFUNDA

1. ¿Qué significa ser declarada justa a los ojos de Dios?

_____

_____

2. ¿Cómo ocurre eso? ¿Esta verdad te anima? ¿Te da gozo
    y paz?

_____

_____

DÍA 11

EL GOZO DE ESTAR PREPARADA

LECTURA: 1 TESALONICENSES 5

Estad siempre gozosos. Orad sin cesar. Dad gracias en todo, porque esta es la voluntad de Dios para con vosotros en Cristo Jesús. —1 Tesalonicenses 5:16-18

Cuando leemos este versículo fuera de contexto, lo que dice puede parecer una carga muy pesada que pedirle a un creyente. ¿Cómo podemos orar sin cesar y dar gracias en toda circunstancia? Alejémonos un poco para ver el cuadro completo. ¿Qué había ocurrido? ¿Qué estaba ocurriendo? En ese contexto, ¿qué quería decir Pablo?

Los tesalonicenses estaban preocupados por si no estaban preparados para el regreso del Señor. Habían experimentado persecución y la muerte inesperada de algunos compañeros creyentes, y eso los llevó a reevaluar muchas cosas de sí mismos... y a preocuparse. En el capítulo 5, Pablo les recordó que no habrá aviso previo antes de la segunda venida de Cristo. Él vendrá cuando menos lo esperemos, ¡y aquellos que no hayan creído no sabrán lo que ha ocurrido! Los creyentes que se hayan mantenido fieles estarán preparados para su regreso porque ya han estado viviendo de una manera que los prepara para encontrarse con Él.

Entonces, ¿cómo debían vivir los tesalonicenses para estar listos? ¿Cómo podemos asegurarnos de estar listas *nosotras*?

Pablo dice que los cristianos fieles son "hijos de luz e hijos del día" y no "de la noche ni de las tinieblas", como el resto del mundo no creyente (1 Tesalonicenses 5:5). Es una clara comparación, ¿no crees? Pero es un buen contraste que nos ayuda a visualizar exactamente lo que es ser creyente y no serlo. Después de esta descripción, Pablo les da instrucciones para vivir una vida de fidelidad. Los creyentes deben trabajar duro y estar llenos de gozo, vivir en paz y orar constantemente. Estar gozosas es una prueba de nuestra relación con Cristo, porque es un fruto del Espíritu.

Pablo era un ejemplo vivo de las cosas que enseñaba. Escribió a la iglesia en Filipos desde una cárcel, y aunque estaba encadenado, decidió gozarse. Su decisión de estar lleno de gozo era más poderosa que sus pruebas, porque era una obra del Espíritu Santo en su vida. El gozo que experimentaba venía de una confianza plena en Cristo y, por lo tanto, tenía una perspectiva eterna.

PARA PENSAR

Podemos obedecer y prepararnos para la segunda venida de Cristo enfocándonos en todo lo que tenemos en Jesús y decidiendo caminar en el Espíritu. Si nos rendimos a su voluntad y dirección para nuestras vidas y caminamos constantemente en el Espíritu, su fruto (¡el gozo!) será evidente.

Las instrucciones de Pablo son más fáciles de seguir cuando entendemos el contexto del versículo y a qué se estaba refiriendo. Orar sin cesar es algo que podemos hacer cuando comprendemos que significa que deberíamos orar con frecuencia; una y otra vez. De hecho, es muy alentador pensar en la oración como una conversación constante con Dios que demuestra nuestra confianza y dependencia de Él. Igual que escribimos o llamamos a un amigo, podemos levantar una oración cuando queramos o donde estemos.

Dar gracias por todo es evidencia de que reconoces la soberanía de Dios y sabes que Él tiene un propósito para ti, así como un plan que es bueno. Es un lenguaje de confianza, y es parte del significado de ser conformadas a imagen de Cristo. Cuando pasamos tiempo con Dios en su Palabra y rindiéndonos ante Él, nos haremos más fuertes en todas las áreas de nuestra vida. Él es quien nos capacita para estar listas para su regreso.

MÁS VERSÍCULOS PARA ESTUDIAR Y ORAR

Mateo 5:12; Romanos 5:3; Filipenses 4:4; Santiago 1:2.

VERSÍCULOS DEL DÍA

Estad siempre gozosos. Orad sin cesar. Dad gracias en todo, porque esta es la voluntad de Dios para con vosotros en Cristo Jesús.   —1 Tesalonicenses 5:16-18

ORACIÓN

Padre, quiero decidir vivir por encima de mis circunstancias y encontrar mi gozo en ti. Sé que solo puedo hacer eso enfocándome en ti y en tus promesas, así que te pido que me hagas más sensible a las indicaciones del Espíritu Santo para poder escuchar tu voz, delicada y sutil, que me avisa cuando mi enfoque está puesto en mis circunstancias y no en ti.

PIENSA:

ORA:

_____
_____

_____

ALABA:

_____
_____

_____

PENDIENTES: LISTA DE ORACIÓN:

_____   _____

_____   _____

_____   _____

PREGUNTAS PARA UNA REFLEXIÓN MÁS PROFUNDA

1. ¿Cómo puede una persona vivir por encima de sus circunstancias, espiritualmente hablando? ¿Por qué es importante aprender a hacer eso?

_____

_____

2. Tres cosas te dicen el versículo de hoy que tienes que hacer que te ayudarán a vivir por encima de tus circunstancias para poder encontrar el gozo, ¿cuáles son?

_____

_____

DÍA 12

EL GOZO DEL SACRIFICIO

LECTURA: ROMANOS 12

Gozosos en la esperanza; sufridos en la tribulación; constantes en la oración. —Romanos 12:12

Mi esposo creció armando puzles con su familia. Incluso después de casarnos, cuando visitábamos a sus padres, normalmente había algún puzle en proceso encima de una pequeña mesa en la esquina del salón. Sentarse juntos alrededor de la mesa buscando la pieza correcta para un hueco específico tiene algo especial. Es un buen tiempo para conversar, relajarse y sentir esa satisfacción de haber terminado tu esquina del puzle.

Cuando estaba leyendo el capítulo y el versículo del día, me vino a la mente la imagen de un puzle. El libro de Romanos contiene muchas instrucciones importantes, y es casi como si estuviera formado por cientos de pequeñas piezas de un puzle. Si la carta de Pablo a los Romanos fuera un puzle, se llamaría "sacrificio vivo" (v. 1), y las instrucciones que da en la carta serían las piezas que, una vez juntas, forman una imagen de lo que es vivir una vida de sacrificio a Dios.

El libro de Romanos es una llamada a los creyentes a presentar nuestras vidas como sacrificio vivo. Las personas que responden a este llamado, habitualmente ponen a un lado sus propios deseos y deciden priorizar los deseos o las necesidades de otras personas. Lo hacen para el Señor y para quienes les rodean. No lo hacen a regañadientes o por obligación, sino porque sirven con gozo a Dios y consideran un privilegio poder hacerlo.

Romanos 12 explica que la vida de "sacrificio vivo" se caracteriza por buscar a Dios de todo corazón y poner voluntariamente nuestra propia vida a un lado para poder conocer a Dios y servirlo. Se trata de apartar los planes que hemos trazado para nuestra propia vida y rendirnos a lo que Dios ha planeado para ella. La satisfacción y el gozo lo obtenemos al servir a Dios y a los demás, sabiendo que Dios proveerá para nuestras necesidades y que todo lo que Él hace, lo hace con la eternidad en mente.

PARA PENSAR

¿Cómo podemos poner en práctica Romanos 12:12?

GÓZATE EN LA ESPERANZA

Esto no quiere decir que siempre estaremos felices. Simplemente se refiere a que vivimos con la mente puesta en la eternidad, esforzándonos por ver las cosas como Dios las ve. Aprender a ver las cosas desde la perspectiva de Dios nos da esperanza, porque nos familiarizamos con el significado de tener "una esperanza viva… una herencia incorruptible, incontaminada e inmarcesible, reservada en los cielos para vosotros" (1 Pedro 1:3-4).

SÉ PACIENTE EN LA TRIBULACIÓN

El dolor y las dificultades son parte de nuestra vida diaria. Son retos con los que tendremos que lidiar en el mundo caído y lleno de pecado en el que vivimos. Pablo nos recuerda que nuestras dificultades aquí en la tierra se hacen pequeñas cuando las comparamos con el gozo que nos espera en el cielo (ver Romanos 8:18). Con esto en mente, hemos sido llamadas a resistir con paciencia el sufrimiento presente, teniendo siempre en mente el futuro.

SÉ CONSTANTE EN LA ORACIÓN

Mientras sufrimos las pruebas del mundo y nos gozamos en la esperanza de lo que nos espera en la eternidad, debemos decidir orar y conectarnos con Aquel que puede sostenernos y darnos la fuerza para perseverar hasta el final. Esto nos acercará a Aquel que nos ha prometido que esta vida es más que solo lo que vemos.

Cuando morimos a nuestro modo natural y emocional de responder a las dificultades de la vida, nos ofrecemos a nosotras mismas como sacrificio vivo.

No caer en la desesperación, sino decidir alegrarnos en la esperanza, también es un sacrificio.

También lo es no ceder ante las emociones negativas decidiendo ser pacientes en medio de la tribulación.

No dejar que nuestra mente se vuelva perezosa, sino decidir ser constantes en la oración, también es un sacrificio.

Esta es una pieza del puzle "sacrificio vivo".

MÁS VERSÍCULOS PARA ESTUDIAR Y ORAR

Salmos 16:9-11; Habacuc 3:18; Romanos 5:2; 15:13.

VERSÍCULO DEL DÍA

Gozosos en la esperanza; sufridos en la tribulación; constantes en la oración.   —Romanos 12:12

ORACIÓN

Padre, quiero ofrecer mi vida como sacrificio a ti. Por favor, ayúdame a buscarte con todo mi corazón y a decidir dejar mi vida a un lado para poder conocerte y servirte mejor. Te ofrezco todos los sueños que tengo y me rindo a lo que tú tienes planeado para mí. Ayúdame a gozarme en la esperanza, a ser sufrida y paciente en medio de la aflicción, y a orar constantemente. ¡Te necesito! Amén.

PIENSA:

_____
_____
_____

ORA:

_____
_____
_____

ALABA:

_____
_____
_____

PENDIENTES: LISTA DE ORACIÓN:

_____   _____
_____   _____
_____   _____

PREGUNTAS PARA UNA REFLEXIÓN MÁS PROFUNDA

1. ¿Qué puedes hacer para ser "sufrida en la tribulación"?

_____

_____

2. ¿Por qué es el gozo el resultado de vivir una vida de sacrificio?

_____

_____

DÍA 13

EL GOZO DEL CONSUELO

LECTURA: SALMOS 94

Cuando las preocupaciones me abruman, tu consuelo me trae gozo. —Salmos 94:19 (HCSB, traducción libre)

¿Alguna vez alguien dentro de la iglesia (alguien que es tu hermana o hermano en Cristo) te hizo daño, te traicionó o habló mal de ti? Yo personalmente pienso que este tipo de herida o traición es la más difícil de procesar de todas porque, aunque no esperamos que los incrédulos actúen como Cristo, sí damos por hecho que nuestros hermanos y hermanas creyentes lo harán. Cuando el opresor es alguien que se hace llamar hermano o hermana en Cristo, la sacudida y el dolor son profundos. Cuando esperamos recibir apoyo, comprensión, gracia, bondad, y que piensen bien de nosotras, duele mucho recibir rechazo, juicio, abuso, difamación y sarcasmo.

En el Salmo 94 el pueblo de Dios estaba sufriendo a manos de aquellos que se supone que eran parte de su propio pueblo. Se comportaban vilmente contra esta comunidad y se estaban saliendo con la suya. El daño ya estaba hecho, y las vidas de muchas personas habían sido destruidas. El salmista clamó a Dios en medio de la destrucción, y después se recordó a sí mismo que las promesas de Dios estaban ahí para aferrarse a ellas cuando se enfrentaba a lo que parecían circunstancias imposibles. Así recibió consuelo.

PARA PENSAR

Satanás quiere hacer todo lo que pueda para destruir y dividir la iglesia de Dios. Cuando sufrimos a manos de alguien que es parte del pueblo de Dios, podemos ser tentadas a irnos de la iglesia y alejarnos de Dios por completo. Es posible que nuestra fe sea sacudida, pero podemos volar por encima de las acciones pecaminosas de un hermano o una hermana y enfocarnos en las promesas de Dios, que dicen que nuestros sufrimientos nos harán desarrollar justicia (ver Salmos 94:12), que Él nos hará "más que vencedores" (Romanos 8:37), y que Él se encargará de quienes nos han hecho daño y nos han tratado mal (ver Romanos 12:19). Aferrarnos a la Palabra de Dios nos sostendrá en estas pruebas difíciles causadas por otros creyentes. No hay preocupación que sea lo suficientemente fuerte como para que la Palabra de Dios, y las promesas que encontramos en ella, no puedan dar consuelo y gozo a los que las buscan.

Dios es consciente de todas las acciones malvadas, y un día hará justicia. También sigue obrando en las vidas de quienes nos han hecho daño. Podemos descansar en esta verdad y encontrar el gozo en medio de nuestras pruebas.

MÁS VERSÍCULOS PARA ESTUDIAR Y ORAR

Salmos 37:4; 61:2; Isaías 57:18; 66:13.

VERSÍCULO DEL DÍA

Cuando las preocupaciones me abruman, tu consuelo me trae gozo.   —Salmos 94:19 (HCSB, traducción libre)

ORACIÓN

Padre, me preocupo con facilidad y busco maneras de controlar lo que sucede a mi alrededor. Sin embargo, lo único que tengo que hacer es levantar mis ojos a ti y entregarte mi ansiedad. Gracias por el recordatorio de Salmos 46:10 de "estad quietos, y conoced" que tú eres Dios, porque tu Palabra es el único lugar en el que encontraré consuelo y descanso. Tu consuelo me llena de gozo en medio de las circunstancias difíciles.

PIENSA:

_____

_____

_____

ORA:

_____

_____

_____

ALABA:

_____

_____

_____

PENDIENTES: LISTA DE ORACIÓN:

_____   _____

_____   _____

_____   _____

PREGUNTAS PARA UNA REFLEXIÓN MÁS PROFUNDA

1. ¿Qué circunstancias en tu vida hacen que "las preocupaciones te abrumen"? Identifícalas en oración ante el Señor y entrégalas a Él.

2. ¿Alguien a quien considerabas un hermano o hermana en Cristo te hizo daño? ¿Cómo ha afectado eso tu relación con Dios? Tómate un tiempo para orar que el Espíritu Santo haga su obra en la vida de esa persona.

3. ¿Qué tienes que hacer cuando te sientes ansiosa y abrumada por los afanes de este mundo? ¿Cómo puedes experimentar el consuelo de Dios?

EL GOZO DE DAR

LECTURA: 2 CORINTIOS 9

Cada uno dé como propuso en su corazón: no con tristeza, ni por necesidad, porque Dios ama al dador alegre.
—2 Corintios 9:7

Algunos de mis recuerdos más hermosos son de cómo Dios ha provisto para nuestra familia a lo largo de los treinta y tres años que mi esposo y yo llevamos casados. Yo era ama de casa y nuestros dos hijos estudiaron en casa, lo cual implicaba que teníamos que vivir con un solo salario en una zona en la que la vida era cara. También estábamos ocupando un puesto ministerial que no tenía un salario muy alto, y había meses en los que nos preguntábamos cómo íbamos a pagar todas las facturas.

Vivir de ese modo fortaleció nuestra fe; aprendimos a depender de que Dios proveyera para nuestras necesidades más básicas. Sabíamos que habíamos sido llamados al ministerio, y que nuestros ingresos no sorprendían o preocupaban a Dios. Una y otra vez, cuando parecía que teníamos una necesidad que no podíamos suplir, Dios la suplía a través de alguno de sus hijos generosos. A veces, su provisión era dinero en un sobre que algún donante anónimo dejaba en nuestro buzón. Una noche, nuestro microondas dejó de funcionar y alguien dejó uno completamente nuevo en la entrada de nuestra casa al día siguiente. Hasta hubo algunas personas generosas que nos dejaron usar su casa de la playa cuando supieron que no habíamos tenido vacaciones en mucho tiempo.

Podría contarte una historia tras otra de cómo Dios ha provisto a lo largo de los años, y cada una de ellas trae consigo el nombre de un creyente que encontró el gozo de poder ayudar a proveer para nuestras necesidades. Ver a personas vivir de manera tan generosa durante años puso en mi corazón el deseo de hacer lo mismo. Ahora que nuestros dos hijos son adultos y están casados, y mi esposo tiene otro empleo, somos más capaces financieramente hablando de ayudar a aquellos que tienen necesidad. ¡Qué alegría es poder servir de la misma forma en la que hemos sido servidos tantas veces en el pasado!

PARA PENSAR

En 2 Corintios 9 aprendemos lo que es dar voluntaria y alegremente. Nunca deberíamos dar de lo que Dios nos ha dado por obligación o bajo el peso del legalismo. El deseo de Dios es que podamos considerar un privilegio el dar para suplir las necesidades de los demás. Dios se glorifica cuando su corazón se ve a través de las acciones y la generosidad de su pueblo. Hará que aquellos que reciben la provisión y aquellos que la dan sean agradecidos.

Dar con alegría para suplir las necesidades de otros es un ministerio que Dios nos ha dado, y es también un modo de poder ser las manos y los pies de Jesús. Después de ver de primera mano la creatividad con la que Dios ha provisto para mi familia a lo largo de los años, estoy deseosa de ser usada del mismo modo en el futuro. Esa inversión en las vidas de otros llena de alegría y pasará a la eternidad.

MÁS VERSÍCULOS PARA ESTUDIAR Y ORAR

Deuteronomio 15:10; 1 Crónicas 29:9; Proverbios 11:25; Romanos 12:8; 2 Corintios 8:12; Filemón 1:14.

VERSÍCULO DEL DÍA

Cada uno dé como propuso en su corazón: no con tristeza, ni por necesidad, porque Dios ama al dador alegre.

—2 Corintios 9:7

ORACIÓN

Padre, por favor, crea en mí el deseo de dar con libertad, generosidad y alegría, de lo mucho que tú me has dado. Nada de lo que tengo es mío para aferrarme a ello, así que te lo ofrezco a ti para que lo uses como quieras, para tu gloria.

PIENSA:

_____

_____

_____

ORA:

_____

_____

_____

ALABA:

_____

_____

_____

PENDIENTES: LISTA DE ORACIÓN:

_____   _____

_____   _____

_____   _____

PREGUNTAS PARA UNA REFLEXIÓN
MÁS PROFUNDA

1. ¿Puedes recordar algún momento en el que serviste a alguien con un corazón reticente? En ese caso, ¿por qué te sentiste así?

_____

_____

2. ¿Qué te impide dar a otros con libertad, generosidad y alegría? ¿Qué puedes hacer para cambiar?

_____

_____

DÍA 15

EL GOZO DEL DIOS DE MI SALVACIÓN

LECTURA: HABACUC 3

Aunque la higuera no florezca, ni en las vides haya frutos, aunque falte el producto del olivo, y los labrados no den mantenimiento, y las ovejas sean quitadas de la majada, y no haya vacas en los corrales; con todo, yo me alegraré en Jehová, y me gozaré en el Dios de mi salvación. —Habacuc 3:17-18

El año 2012 me condujo, junto con mi familia, hacia una temporada de pérdidas e incertidumbre. Debido a unas malas decisiones tomadas por algunos líderes, el ministerio del que habíamos sido parte por más de veinticinco años cerró las puertas para siempre. Eso dejó a mi esposo sin trabajo y a nosotros sin un ministerio. De la noche a la mañana, fuimos lanzados al vacío y nuestras vidas pasaron de estar llenas del ministerio, de personas y de propósito, a estar tranquilas, a la deriva y llenas de preguntas.

Mientras todavía estábamos afligidos por la pérdida de lo que había sido un ministerio a tiempo completo que amábamos, los padres de mi esposo, que eran nuestro apoyo más constante, fallecieron con dos años de diferencia. Durante estos cambios inesperados en la vida, yo me adentré en el misterioso mundo de la depresión y la ansiedad.

Desorientada y aturdida por el giro que había dado nuestra vida y sin saber qué nos depararía el futuro, cuál era nuestro propósito, y lo que Dios estaba haciendo en nuestras vidas, enfrentábamos cada día dependiendo de que Dios nos ayudara a poner un pie delante del otro y caminar.

Parecía que el invierno había llegado para quedarse y Dios estaba callado.

En Habacuc 3 vemos que el profeta tiene que tomar una decisión en medio de circunstancias difíciles y desconcertantes. Le preocupaba lo que veía ocurrir a su alrededor, y atravesaba un momento de incertidumbre. Le parecía que Dios no veía lo que estaba pasando; como si hubiera dado la espalda a sus circunstancias. Al inicio del capítulo vemos que Habacuc pasa un tiempo haciendo oración de lamento, sugiriéndole a Dios lo que creía que Él debería hacer. Sin embargo, termina el capítulo con una oración de confianza, reconociendo que Dios sabe lo que es mejor y que confía en que Dios hará lo que sea mejor, aunque la situación parezca no tener esperanza.

Aprendió que podía confiar en Dios, y esa confianza iba acompañada de un gran gozo no por sus circunstancias, sino gracias a Dios mismo. Lleno de confianza, termina el capítulo con esta oración:

Con todo, yo me alegraré en Jehová, y me gozaré en el Dios de mi salvación. Jehová el Señor es mi fortaleza, el cual hace mis pies como de ciervas, y en mis alturas me hace andar.
—Habacuc 3:18-19

PARA PENSAR

¿Estás en un momento de incertidumbre? ¿Has pasado por una temporada en la que Dios parece haberse quedado callado y te has visto forzada a vivir un día a la vez sin saber lo que te deparará el futuro? ¿Te sientes identificada con Habacuc y con su deseo de decirle a Dios qué hacer en esas circunstancias? ¡Sé cómo se siente! Por suerte, a medida que nos acercamos a Dios, Él nos permite perseverar y nos guía en medio de esas temporadas difíciles.

Igual que Habacuc, Dios ha utilizado la temporada de incertidumbre y pérdida que mi familia y yo atravesamos para enseñarnos que nuestro gozo proviene de la salvación que tenemos y no de las circunstancias. Él nos recordó que su gloria es lo más importante. Somos personas quebrantadas que han recibido el deseo de derramar sus vidas para Dios y sus propósitos. Poco a poco vamos sintiendo su dirección. Las cortinas se han ido abriendo lentamente, y la luz ha revelado una parte de lo que Dios ha estado haciendo durante la espera.

El frígido invierno, con su frío y sus vientos huracanados, congeló nuestras mejillas y nos cegó, haciendo que fuera difícil ver más allá de dos pasos por delante de nosotros. Trajo consigo mucha muerte, como siempre hace el invierno, abriendo espacio para algo nuevo. Hemos comenzado a sentir el cálido sol sobre nuestros rostros, a ver las flores que empiezan a brotar, y a oler el frescor de la primavera. Estamos asombrados por la belleza que estaba siendo cultivada en el silencio y en la incertidumbre.

Te prometo que contigo será igual. ¡Simplemente no te sueltes!

MÁS VERSÍCULOS PARA ESTUDIAR Y ORAR

1 Samuel 2:1; Isaías 61:10; Lucas 1:47; Romanos 5:2-3; Filipenses 4:4.

VERSÍCULOS DEL DÍA

Aunque la higuera no florezca, ni en las vides haya frutos, aunque falte el producto del olivo, y los labrados no den mantenimiento, y las ovejas sean quitadas de la majada, y no haya vacas en los corrales; con todo, yo me alegraré en Jehová, y me gozaré en el Dios de mi salvación. —Habacuc 3:17-18

ORACIÓN

Padre, gracias por el regalo de tu salvación. Sé que me has dado vida eterna, pase lo que pase. Nada de lo que me ocurre aquí en esta vida se escapa de tu control, y nadie puede arrebatarme de tu mano, como prometió Jesús en Juan 10:28. Cuando me enfoco en esta verdad, encuentro el gozo que hay en ti, ¡sin importar lo que esté sucediendo a mi alrededor!

PIENSA:

_____
_____
_____

ORA:

_____
_____
_____

ALABA:

_____
_____
_____

PENDIENTES:

_____

_____

_____

LISTA DE ORACIÓN:

_____

_____

_____

PREGUNTAS PARA UNA REFLEXIÓN MÁS PROFUNDA

1. ¿Hay algo en tu vida que te impide regocijarte en el Señor y alegrarte en el Dios de tu salvación?

_____

_____

2. ¿Qué puedes hacer para tener plenitud de alegría y encontrar el gozo en Dios?

_____

_____

DÍA 16

EL GOZO DE LA PRESENCIA DE DIOS

LECTURA: SALMOS 16

Me mostrarás la senda de la vida; en tu presencia hay plenitud de gozo; delicias a tu diestra para siempre.
—Salmos 16:11

Vamos a imaginar que estamos tú y yo sentadas en la mesa de mi cocina. Las dos tenemos una taza caliente de café en las manos y disfrutamos de ese momento de descanso en medio de nuestras apretadas agendas diarias. Por puro entretenimiento, y para conocernos mejor, comenzamos a compartir cuáles son nuestras cosas favoritas: comida, color, lugar de vacaciones, pasatiempos, música y lugares para ir de compras. Estas son las cosas que nos vienen a la mente cuando pensamos en lo que define quiénes somos y lo que nos causa alegría a nivel humano. ¡Estas son las cosas que consideramos buenas! Nos reímos y nos maravillamos de la cantidad de ellas que las dos disfrutamos y, cuando tú te vas a tu casa, las dos tenemos la sensación de conocernos un poco mejor.

El libro de Salmos fue escrito por varios autores. David escribió la mitad de ellos, pero los salmos no hablan sobre él o sobre cualquiera de los otros autores. Es un libro que habla sobre Dios. Si lo leemos y prestamos atención a todas las cosas buenas que hay en él, podremos aprender más sobre Dios: quién es Él, lo que ha hecho y cómo es. Con cada palabra que nos cuenta un poco más acerca de Dios podemos ver un destello de alguna característica suya, y eso nos ayuda a conocerlo mejor.

En el Salmo 16 vemos que David se toma el tiempo para proclamar todo lo que Dios significa para él. Apartar un tiempo para recordar le ayuda a afianzar por qué sabe que Dios lo cuidará y lo guardará. Lo que sabe sobre Dios renueva sus fuerzas: que Él es un refugio, un tesoro, que es soberano y que es su consejero. Después dice con confianza que sabe que Dios, efectivamente, lo protegerá, lo guardará y estará con él.

¿Cómo pudo desarrollar esta confianza en Dios? Lo hizo repasando en su mente las cosas que sabía acerca de Él. Como lo conocía y había puesto en Él su confianza, David tenía una seguridad aplastante. Había conocido personalmente a este Dios, y sabía que podía confiar en Él. Estaba contento al estar al cuidado de Dios, y encontró el gozo porque su vida y su esperanza eran eternas.

PARA PENSAR

¡Me encanta este salmo! El comentarista bíblico Matthew Henry se refiere al Salmo 16 como "un salmo de oro en medio de las pruebas". ¿No es esa una descripción maravillosa? Podemos conocer a Dios cuando abrimos el libro de Salmos, y nos fijamos en todas sus características y en las cosas buenas que Él ha hecho, del mismo modo en que podríamos pasar una mañana relajadas tomando un café y conociéndonos un poco mejor. Igual que David, seremos llenas de agradecimiento, recibiremos el gozo de su presencia, y nuestros corazones rebosarán de confianza al recordar su fidelidad para con nosotras.

MÁS VERSÍCULOS PARA ESTUDIAR Y ORAR

Job 36:11; Salmos 11:7; 17:15; 21:6; 43:4.

VERSÍCULO DEL DÍA

Me mostrarás la senda de la vida; en tu presencia hay plenitud de gozo; delicias a tu diestra para siempre.

—Salmos 16:11

ORACIÓN

Padre, gracias por acercarme a ti. Sé que no te conocería si no hubiera sido porque abriste mis ojos para ver que te necesitaba. Gracias por quitar la venda de mis ojos y mostrarme cómo quieres que viva mi vida. Ayúdame hoy a vivir en tu presencia, a estar conectada con tu Espíritu, y a buscar primeramente tu reino y tu justicia, porque así encontraré el verdadero gozo.

PIENSA:

_____

_____

_____

ORA:

_____

_____

_____

ALABA:

_____

_____

_____

PENDIENTES: LISTA DE ORACIÓN:

_____   _____
_____   _____
_____   _____

PREGUNTAS PARA UNA REFLEXIÓN MÁS PROFUNDA

1. ¿Se te ocurre algún momento en el que sentiste la dirección clara de Dios en tu vida? ¿Cómo te lo mostró?

_____

_____

2. ¿Necesitas una guía clara ahora? ¿Cómo da a conocer Dios el camino de la vida?

_____

_____

EL GOZO DE CONOCER NUESTRA POSICIÓN EN CRISTO

LECTURA: GÁLATAS 5

Mas el fruto del Espíritu es amor, gozo, paz, paciencia, benignidad, bondad, fe, mansedumbre, templanza; contra tales cosas no hay ley. —Gálatas 5:22-23

Mi nuera Nicole es una de las personas más amables, compasivas y bondadosas que conozco. También es enfermera. Es una buena combinación, ¿no crees? ¡No tengo duda de que Dios le ha llamado a ser enfermera para poder usarla a ella y sus dones de manera extraordinaria!

Recientemente, Nicole me dijo que ella no solo quiere ser una buena enfermera, sino que también anhela poder apoyar y animar a otras enfermeras. Ha visto a algunas enfermeras que no han sido de mucha ayuda, sobre todo para para las nuevas enfermeras. Nicole se siente llamada a dar el paso y luchar contra ese estereotipo. En lugar de competir con las demás enfermeras, ella quiere ayudarles a triunfar. ¿No es eso increíble?

¿Qué puede haber causado que Nicole tenga ese deseo? Para empezar, ella ha recibido una personalidad cálida y muy enfocada hacia la caridad. Se podría decir que nació para ello. Se le da bien amar a otros, sí, pero hay otra cosa que le motiva y le hace ser quien es. Ella es cristiana, y a medida que avanza en su caminar, el Espíritu Santo que viven en ella le empodera.

Gálatas 5 desglosa lo que significa tener las características que Dios produce en nosotras. Estas características son evidencia de que lo conocemos a Él de verdad. La carta de Pablo a la iglesia en Galacia enumeraba aquellas cosas que quienes están en Cristo deberían ver en sus vidas. Es una lista de nueve características que componen lo que él denominó "el fruto del Espíritu". Quienes están en Cristo y permiten que el Espíritu Santo los guíe, verán cómo estas características se desarrollan y abundan en sus vidas. Ninguna es más importante que las demás; habrá evidencia de todas ellas si nos rendimos a la obra del Espíritu Santo en nuestras vidas.

PARA PENSAR

Si tú estás "en Cristo" (algo a lo que Pablo se refirió más de cien veces en sus epístolas), has sido hecha libre de los requisitos estrictos de la ley mosaica, que es una lista de normas que muy pocos de nosotros podríamos cumplir. ¡Conocer la libertad que tenemos como miembros adoptivos de la familia de Dios y caminar en ella es extraordinario! Sin embargo, es importante recordar que nuestra libertad no existe para servirnos solamente a nosotras y a nuestros deseos, ya que algunas cosas que antes estaban bajo la ley están permitidas ahora. Es importante recordar que, cuando el fruto del Espíritu toma el control de quienes somos, servir con amor a otros debería ser nuestra meta. Cuando estamos en Cristo, tenemos que dejar que Dios nos guíe a servir a otros de manera santa y motivada por el amor.

Jesús ejemplificó en los Evangelios todas estas cualidades del carácter piadoso que son producidas por el Espíritu Santo. Nuestras vidas pueden influir con el amor de Dios a aquellos con los que nos crucemos cuando nos rendimos a la guía del Espíritu Santo y permitimos que Él tome el control de todas las áreas de nuestra vida, de la misma forma que mi hermosa nuera busca poner en práctica estas cualidades como enfermera.

MÁS VERSÍCULOS PARA ESTUDIAR Y ORAR

Romanos 14:17; 1 Corintios 13; Efesios 5:9; 1 Tesalonicenses 1:6.

VERSÍCULOS DEL DÍA

Mas el fruto del Espíritu es amor, gozo, paz, paciencia, benignidad, bondad, fe, mansedumbre, templanza; contra tales cosas no hay ley.   —Gálatas 5:22-23

ORACIÓN

Padre, quiero que tu Espíritu Santo me guíe y me controle, independientemente de lo que pueda suceder hoy. Te pido que el fruto de tu Espíritu en mi vida fluya a través de mi boca, de mis acciones, de mis respuestas y de mis actitudes. Ayúdame a recordar que todo va a estar bien porque tú me has adoptado; te pido que esa confianza sea evidente en mi manera de vivir.

PIENSA:

ORA:

ALABA:

_____

_____

_____

PENDIENTES: LISTA DE ORACIÓN:

_____   _____

_____   _____

_____   _____

PREGUNTAS PARA UNA REFLEXIÓN MÁS PROFUNDA

1. ¿Cómo puedes seguir desarrollando cualidades del carácter piadoso?

_____

_____

2. Si le preguntaras a una amiga qué fruto(s) del Espíritu ve en ti, ¿cuál crees que sería su respuesta?

_____

_____

3. ¿Identificas algún área en tu vida en la que te gustaría crecer?

_____

_____

4. ¿Qué puedes hacer para que el fruto del Espíritu sea más evidente en tu vida?

_____

_____

DÍA 18

EL GOZO DE
LA PALABRA DE DIOS

LECTURA: SALMOS 119:89-112

Por heredad he tomado tus testimonios para siempre, porque son el gozo de mi corazón. —Salmos 119:111

El Salmo 119 celebra claramente que la Palabra de Dios es uno de los mejores regalos que Él nos ha dado. No hay nada mejor que ella para conocer a Dios y lo que Él desea para su pueblo. En este salmo está claro que el autor hizo todo lo posible por empaparse de la Palabra de Dios. La leyó, escuchó mientras alguien la leía en voz alta, meditó en ella, y le dio más valor que a cualquier otra cosa.

La Biblia es realmente el libro más valioso que tenemos a nuestra disposición. A continuación, tenemos una lista de lo que la Biblia es para nosotros:

+ *Es viva y eficaz, y más cortante que toda espada de dos filos* (Hebreos 4:12).

+ *Lámpara es a [nuestros] pies tu palabra, y lumbrera a [nuestro] camino* (Salmos 119:105).

+ *Y el Verbo era Dios* (Juan 1:1).

+ *Toda la Escritura es inspirada por Dios, y útil para enseñar, para redargüir, para corregir, para instruir en justicia, a fin de que el hombre de Dios sea perfecto, enteramente preparado para toda buena obra* (2 Timoteo 3:16-17).

✦ *Mis palabras [de Cristo] no pasarán* (Mateo 24:35).

✦ *Conoceréis la verdad [su Palabra], y la verdad os hará libres* (Juan 8:32).

✦ *La palabra del Dios nuestro permanece para siempre* (Isaías 40:8).

✦ *Toda palabra de Dios es limpia* (Proverbios 30:5).

✦ *En mi corazón he guardado tus dichos, para no pecar contra ti* (Salmos 119:11).

✦ *La exposición de tus palabras alumbra; hace entender a los simples* (Salmos 119:130).

PARA PENSAR

La Palabra de Dios nos presenta al Dios de amor y sus mandamientos que fueron escritos porque Él nos ama y quiere lo mejor para nosotros. Al pasar tiempo en la Palabra de Dios, conocerlo más, y que nuestros ojos sean abiertos para ver al Dios de amor, comenzaremos a sentir que nuestro amor por Aquel que nos amó primero crece. Entonces, nos daremos cuenta de que nuestra obediencia a Él está motivada por nuestro amor por Él. Dios quiere aumentar nuestra capacidad de amarlo y que su Palabra se convierta en lo que produce el gozo en nuestro corazón. ¿No te da eso esperanza? Lo único que tenemos que hacer es orar para que Dios aumente nuestro amor por Él a diario.

Pablo hizo una oración similar por sí mismo y por la iglesia en Filipos:

> *Y esto pido en oración, que vuestro amor abunde aún más y más en ciencia y en todo conocimiento, para que aprobéis lo mejor, a fin de que seáis sinceros e irreprensibles para el día de Cristo, llenos de frutos de justicia que son por medio de Jesucristo, para gloria y alabanza de Dios.*
> —Filipenses 1:9-11

Podemos hacer que nuestro amor por Dios y por su Palabra crezca; pero debemos hacer el esfuerzo de sumergirnos en ella y conocer al Dios que nos ama. Debemos pedirle diariamente que haga aumentar nuestro amor por Él y no cansarnos de buscarlo.

MÁS VERSÍCULOS PARA ESTUDIAR Y ORAR

Salmos 119:14, 127, 159-160, 161-162.

VERSÍCULO DEL DÍA

Por heredad he tomado tus testimonios para siempre, porque son el gozo de mi corazón.   —Salmos 119:111

ORACIÓN

Padre, gracias por tu Palabra, la Biblia. Me enseña acerca de tus atributos, y de lo sabio, poderoso y bueno que eres. Me enseña cómo quieres que viva, y cuando paso tiempo en la verdad de tu Palabra, tú la usas para renovar mi mente y tu Espíritu cambia las actitudes de mi corazón. Por favor, haz que la atesore más que cualquier otra cosa que este mundo pueda ofrecerme. Solamente tú puedes darme gozo verdadero, y eres lo único que tengo en esta vida que nadie me puede quitar.

PIENSA:

ORA:

_____

_____

_____

ALABA:

_____

_____

_____

PENDIENTES: LISTA DE ORACIÓN:

PREGUNTAS PARA UNA REFLEXIÓN MÁS PROFUNDA

1. ¿Qué significa que la Palabra de Dios sea el gozo de tu corazón?

_____

_____

2. ¿Es la Palabra de Dios el gozo de tu corazón? Si no es así, ¿como puedes llegar a ese punto?

_____

_____

DÍA 19

EL GOZO DE PROMOVER LA PAZ

LECTURA: PROVERBIOS 12

Hay gozo para los que promueven la paz.
—Proverbios 12:20 (NVI)

Mi hijo Caleb es un hombre sabio que tiene un modo muy objetivo de ver la vida. Aunque puede tomarle algún tiempo hacerlo, cuando finalmente se abre o comparte sus opiniones y su punto de vista sobre algo, lo que dice está muy bien formulado. Él ha sido así desde que yo tengo memoria, y Dios lo ha usado en mi vida incluso cuando él era muy joven. Sus preguntas y su incapacidad para conformarse me han hecho detenerme, pensar y orar intencionada y exhaustivamente por las cosas. Aunque a veces eso me ha frustrado, la mayoría de las veces muchos de mis puntos de vista y pensamientos han cambiado porque él me ha retado a mirar las cosas desde otra perspectiva.

Una de las cosas que más me gustan (¡casi siempre!) de hablar con Caleb es que suele hacer de abogado del diablo en nuestras conversaciones. Normalmente, defiende una opinión o un punto de vista con el que tal vez ni está de acuerdo solo para forzarme a pensar de manera lógica. Tomarme el tiempo de pensar así me calma y ablanda mi corazón hacia la otra parte del conflicto, al recordar que suele haber más formas de mirar un asunto aparte de la mía.

PARA PENSAR

Tener a alguien en nuestra vida que nos ayude a pensar las cosas en profundidad, como Caleb hace conmigo, puede calmar nuestros corazones y nuestras mentes para responder de manera pacífica a las personas o a la vida cuando enfrentamos alguna dificultad. Estoy muy agradecida por cómo Dios ha usado a mi hijo.

Otra herramienta vital que tenemos a nuestra disposición es la Palabra de Dios. Si nos tomamos el tiempo de orar y pensar como nos enseñan las Escrituras, Dios usará su Palabra, que es "viva y eficaz" (Hebreos 4:12) para ablandar nuestros corazones y ayudarnos a saber responder a nuestras circunstancias y relaciones de manera piadosa, sin importar lo que ocurra a nuestro alrededor.

En Proverbios 12 vemos el contraste que establece Salomón entre una persona sabia y justa y un malvado insensato, así como las distintas maneras en que las palabras que salen de sus bocas son un reflejo de su corazón.

Escuchar la voz sensata de la razón, procedente de personas piadosas, sumergirte en la Palabra, y permitir que Dios te dé su punto de vista te ayudará a responder de manera pacífica, ayudando también a otros a encontrar la paz. Cuando abordamos nuestras circunstancias con un corazón bueno y ayudamos a otros a hacer lo mismo, recibimos el regalo del gozo, sabiendo que hemos respondido como lo haría Cristo.

MÁS VERSÍCULOS PARA ESTUDIAR Y ORAR

Proverbios 1:33, 12:19-21; Mateo 5:9; 1 Pedro 3:13.

VERSÍCULO DEL DÍA

Hay gozo para los que promueven la paz.
—Proverbios 12:20 (nvi)

ORACIÓN

Padre, hoy quiero ser de bendición para aquellos que me rodean, porque decido ser un instrumento de tu paz. Quiero que mi meta sea, mientas interactúo con las preciosas personas que tú cruces en mi camino, ser alguien que ayuda a otros a enfocarse en ti para poder encontrar la paz y el gozo verdaderos. Ayúdame a sumergirme en tu Palabra para poder cambiar y mirar las cosas desde tu punto de vista.

PIENSA:

_____
_____
_____

ORA:

_____
_____
_____

ALABA:

_____
_____
_____

PENDIENTES: LISTA DE ORACIÓN:

_____   _____
_____   _____
_____   _____

PREGUNTAS PARA UNA REFLEXIÓN MÁS PROFUNDA

1. ¿Te consideras una persona que promueve la paz? Explica tu respuesta.

_____

_____

2. Si no eres alguien que promueve la paz, ¿cómo te está afectando eso? ¿Cómo afecta a otros? ¿Qué puedes hacer para cambiar?

_____

_____

EL GOZO DE LA ESPERANZA

LECTURA: PROVERBIOS 10

La esperanza de los justos es alegría; mas la esperanza de los impíos perecerá. —Proverbios 10:28

¿Estás viviendo esta vida, con todo el sufrimiento que viene con ella, pensando en un final sin esperanza, viendo solo condenación en tu futuro? ¿O estás viviendo esta vida, con todo el sufrimiento que viene con ella, sabiendo que todo lo que ocurre tiene un propósito, y entendiendo que, en la eternidad, todas las cosas tendrán sentido y serán hechas nuevas?

¡Puedes enfrentar el futuro con propósito, esperanza y gozo!

Proverbios 10 compara la vida de los justos que persiguen la justicia con la de los malvados, que corren tras el pecado. Nos muestra las diferencias en la forma de vivir y pensar de estos dos tipos diferentes de personas, cómo hablan, y las actitudes de sus corazones. También vemos cual será su destino final.

Sea lo que sea lo que estemos enfrentando hoy, podemos hacerlo con la esperanza de saber que esta vida es mucho más que solo lo que experimentamos en el presente. Podemos tener gozo en medio de la aflicción cuando recordamos que Dios usa cada detalle para hacernos más semejantes a Él y prepararnos para la eternidad.

En Proverbios 10 vemos que el malvado no tiene ni esperanza, ni propósito, ni gozo.

PARA PENSAR

Algo que oí decir una vez a un pastor se me quedó grabado. Él solía decir: "¡Lo máximo que puede durar una prueba es toda una vida!". Estas palabras me ayudan a poner mi vida en perspectiva inmediatamente. El justo tiene esperanza cuando enfrenta pruebas; no tiene por qué desesperarse, porque sabe que lo máximo que puede durar una prueba es toda la vida (un instante en comparación con la eternidad). Podemos tener gozo en medio de las dificultades porque tenemos la esperanza del cielo. No tenemos por qué desesperarnos, aunque nuestras pruebas duren toda una vida. Nuestros días están en las manos de Dios, nuestra seguridad está en Él, y Él puede usar cualquiera de nuestros problemas para ayudarnos a crecer si le permitimos que lo haga.

MÁS VERSÍCULOS PARA ESTUDIAR Y ORAR

Salmos 16:9; Proverbios 11:23; Habacuc 3:18; Romanos 5:2, 12:12.

VERSÍCULO DEL DÍA

La esperanza de los justos es alegría; mas la esperanza de los impíos perecerá.   —Proverbios 10:28

ORACIÓN

Padre, tú dices que, si te busco a ti y busco tus caminos, mi futuro estará lleno de gozo; pero me hundo en la desesperación rápidamente o me siento abrumada con facilidad cuando miro el mundo que me rodea o me enfoco en mis circunstancias. por favor, ayúdame a mantener mi enfoque en ti y en lo que tú prometes que vendrá en el futuro. soy tu hija.

PIENSA:

_____
_____
_____

ORA:

_____
_____
_____

ALABA:

_____
_____
_____

PENDIENTES: LISTA DE ORACIÓN:

_____   _____
_____   _____
_____   _____

PREGUNTAS PARA UNA REFLEXIÓN MÁS PROFUNDA

1. ¿Te sientes abrumada cuando miras alrededor y ves todo lo que está ocurriendo en nuestro mundo? Cuándo eso ocurre, ¿qué haces?

_____
_____

2. Según las Escrituras, ¿qué podemos hacer cuando nos sentimos abrumadas para ver las cosas con la perspectiva correcta y encontrar el gozo bíblico?

_____

_____

DÍA 21

EL GOZO DE LA FIDELIDAD DE DIOS

Durante los próximos diez días estaremos leyendo y orando con pasajes de las Escrituras que son ejemplos de oraciones de lamento o un aspecto de ese tipo de oración. Por favor, lee el capítulo completo del pasaje de cada día para que puedas ver completa la oración de lamento en la que nos estaremos enfocando.

LECTURA: PROVERBIOS 10

Habíamos atravesado una temporada de cambio y pruebas cuando, un día, yo me desperté y me sentí totalmente abrumada de inmediato por nuestras circunstancias. A pesar de querer quedarme acurrucada bajo mis cálidas mantas y olvidarme de todo, me levanté lentamente de la cama. Sabía que iba a ser uno de esos días en los que tenía que decidir seguir poniendo un pie delante del otro. Además, estaba entrando de nuevo en la batalla mental de tener que pensar qué hacer a continuación. A medida que seguía con mi rutina matutina, las circunstancias que me aplastaban parecían volverse cada vez más pesadas con cada minuto que pasaba.

Finalmente, en mi interior creció una sensación de determinación. No iba a dejar que esa sensación de estar abrumada tomara el control y me robara el día. Fui a mi oficina, me senté en el sillón que está en la esquina de la habitación, y comencé a orar. Viajé mentalmente hasta mi infancia, y comencé a darle gracias a Dios por cómo me había guiado, protegido y provisto para mis necesidades a lo largo de los años. Mientras pensaba en cada año y cada temporada, Dios trajo a mi mente la obra que había hecho en mi vida y las personas que Él había usado para fortalecerme en mi caminar con Él.

Me mantuve en esa actitud de oración reflexionando acerca del pasado y, cuando terminé, era como si me hubieran quitado un peso de encima. Simplemente recordar la fidelidad de Dios en mi vida me produjo paz y pude enfrentar el día con confianza, sabiendo que las circunstancias que teníamos por delante estaban a salvo en sus manos.

En el Salmo 40 vemos que David hace algo similar a lo que yo hice ese día (de hecho, ¡lo aprendí de él!). David enfrentaba un momento de desesperación, y lo que hace es tomarse tiempo para recordar. Él reflexiona acerca de cómo Dios lo rescató de sus enemigos en el pasado. Una y otra vez, había llevado ante su Dios su necesidad de protección; una y otra vez, Dios había escuchado su clamor y lo había rescatado.

Entonces, David le da gracias a Dios por su misericordia a lo largo de los años. Mientras da gracias, recibe la confianza que necesita para enfrentar las circunstancias que está viviendo en el presente. Después de recordar la fidelidad de Dios y recibir la confianza que necesita para enfrentarse a sus circunstancias, se compromete a hablar a otros de lo que Dios ha hecho en su vida. David está tan agradecido y lleno de gozo por cómo Dios lo ha rescatado de sus enemigos, que alaba y adora a Dios y lo comparte con cualquiera que lo escuche. Declara lo siguiente:

> He anunciado justicia en grande congregación; he aquí, no refrené mis labios, Jehová, tú lo sabes. —Salmos 40:9

También vemos que David clama a Dios pidiendo ayuda e intervención cuando tiene necesidad. Se acuerda de la fidelidad pasada de Dios mientras pide misericordia por otra cosa.

PARA PENSAR

Yo he tenido que poner en práctica esta oración de lamento cada vez más según he ido envejeciendo. La vida no se hace más fácil, y los cambios y las pruebas me han enseñado lo que significa estar desesperada por Dios. Si conseguimos apartar un tiempo para recordar la fidelidad de Dios en nuestras vidas, eso nos dará la esperanza y la fe que necesitamos para seguir clamando a Él en los momentos de necesidad, sabiendo que Él seguirá siendo fiel. La gracia y la misericordia de Dios siempre están presentes, listas para ser derramadas en la medida en que las necesitemos hoy, igual que ha sucedido en el pasado.

MÁS VERSÍCULOS PARA ESTUDIAR Y ORAR

Génesis 49:1; Salmos 25:3-5; 27:14.

ORACIÓN

Padre, siento que mi vida no tiene estabilidad, y no hay nada ni nadie de quien pueda depender. Gracias por lo lejos que me has traído y por todas las maneras en que has provisto y has sido fiel en mi vida. Por favor, ayúdame a encontrar mi estabilidad y mi gozo en ti. Ayúdame a perseverar para que pueda alabarte y hablar a otros acerca de tus maravillosas obras, y así puedan recibir ánimo y fuerza por la obra que tú estás haciendo.

PIENSA:

_____

_____

_____

ORA:

_____

_____

_____

ALABA:

_____

_____

_____

PENDIENTES: LISTA DE ORACIÓN:

_____   _____

_____   _____

_____   _____

PREGUNTAS PARA UNA REFLEXIÓN MÁS PROFUNDA

1. ¿Sientes a veces que no puedes dar ni un paso más cuando estás haciendo tus tareas diarias? ¿Qué haces cuando te enfrentas a ese sentimiento?

_____

_____

2. Toma algo de tiempo para orar y pedirle a Dios que te dé la fuerza que necesitas para seguir adelante en estos momentos difíciles. El enemigo de nuestras almas está haciendo horas extra para desanimarte y hacer que tires

la toalla. ¡Interrumpe sus esfuerzos clamando al Señor pidiéndole su fuerza!

_____

_____

3. Escribe tu oración aquí abajo.

_____

_____

DÍA 22

EL GOZO DE LA BÚSQUEDA DE DIOS

LECTURA: SALMOS 34

Temerosa. Yo no usaba esta palabra para describirme a mí misma... hasta que tuve hijos. Después de que nacieron Brianna y Caleb, el miedo tomó el control de mi vida. Tenía miedo de que les pasara algo o de que alguien les hiciera daño de algún modo. Tenía miedo de que alguien fuera una mala influencia para ellos. Tenía miedo de ser una mala mamá y que quisieran alejarse de mí, o de hacer algo mal y que eso les arruinara la vida. El miedo era la motivación detrás de mucho de lo que hacía.

Finalmente, a través de una serie de circunstancias, Dios comenzó a mostrarme que debía aprender a enfocarme en Él, en su carácter y en su fidelidad, y no en todo lo que podría salir mal. Lentamente, muy lentamente, he comenzado a decidir enfocarme en Dios y no en los posibles peligros intentando hacer un hábito de ello, pero para ser sincera, te diré que sigue siendo una lucha.

Me encanta el Salmo 34 y el ejemplo a seguir que nos da David. Él busca al Señor. ¡Lo busca y no deja de hacerlo nunca! Creo que este es un aspecto importante de la oración de lamento: buscar a Dios una y otra vez. No rendirse nunca. Seguir buscándolo día tras día. Si no hacemos eso, ¿cómo vamos a demostrarle que confiamos en Él? ¿Cómo recordaremos que Él ha sido fiel si no acudimos a Él una y otra vez, permitiendo que Él nos lo recuerde?

David buscó al Señor y el Señor le respondió. Estaba luchando contra la ansiedad y el temor por la amenaza que estaba enfrentando, pero ¿qué hizo? ¡Oró! Se tomó el tiempo para recordar sus experiencias del pasado, y Dios usó eso para fortalecer su fe y recordarle quién estaba en control. Eso es lo que le permitió recordar que no tenía por qué tener miedo.

David también estaba decidido a proclamar la fidelidad de Dios e invitar a otros a unirse a él para alabar y adorar. Lo vemos en los versículos 1-3:

Bendeciré a Jehová en todo tiempo; su alabanza estará de continuo en mi boca. En Jehová se gloriará mi alma; lo oirán los mansos, y se alegrarán. Engrandeced a Jehová conmigo, y exaltemos a una su nombre.

PARA PENSAR

Si queremos que nuestro temor sea reemplazado por fe, debemos aprender a decidir, cada día, acudir ante el Señor, presentarle nuestras preocupaciones y nuestros sentimientos, y dejar que Él nos recuerde los momentos en nuestra vida en los que su obra y su fidelidad han sido evidentes. Este proceso me ha animado y me ha dado fuerza muchas veces para seguir adelante hacia lo desconocido, con la confianza que necesito para confiar en Aquel que me ha guardado hasta el día de hoy. ¡A ti también te será de gran ayuda!

MÁS VERSÍCULOS PARA ESTUDIAR Y ORAR

Salmos 35:27; 69:32; 119:74; Jeremías 9:24.

ORACIÓN

Padre, tengo miedo. Nadie puede sacarme de este pozo de desesperanza excepto tú. Sé que mi esperanza está solo en ti, y te pido que me ayudes a enfocarme en ti y no en las circunstancias y decepciones que me rodean. Por favor, dame un corazón que quiera alegrarse en ti.

PIENSA:

ORA:

ALABA:

PENDIENTES: LISTA DE ORACIÓN:

PREGUNTAS PARA UNA REFLEXIÓN MÁS PROFUNDA

1. ¿Sientes a veces que estás sola y que nadie peleará por ti? ¿Alguna vez tus seres queridos te han decepcionado o te han fallado?

_____

_____

2. Según las Escrituras, ¿quién es el único que no te decepcionará, no te abandonará y no te fallará? ¿Quién es el único que puede librarte de todos tus temores?

_____

_____

3. Escribe tu oración aquí abajo.

_____

_____

DÍA 23

EL GOZO DE COMPARTIR EL DOLOR

LECTURA: SALMOS 139

Nunca olvidaré la mañana en la que recibí *esa* llamada de mi hija Brianna.

"Mamá, perdí al bebé anoche…".

Mientras mi cerebro intentaba procesar las palabras que decía mi hija, mi corazón de madre rebuscaba para intentar encontrar palabras que pudieran consolarla y mejorar la situación. Mi preciosa hija acababa de experimentar una gran pérdida, y no había nada que yo pudiera decir que arreglara la situación. De hecho, ni siquiera había podido estar a su lado para ayudarle en medio de esa situación tan dolorosa. Ni siquiera sabía que había ocurrido hasta la mañana siguiente.

En las semanas siguientes pasé tiempo con mi hija, acompañándola en el proceso de gestionar la pérdida que habían tenido ella y su esposo. Había momentos en los que ella hablaba sobre el asunto con lágrimas en los ojos, lo cual es entendible, y había momentos en los que ni siquiera quería hablar de ello. El trauma de esta pérdida acompañó a Brianna y a su esposo durante algún tiempo. La idea de comenzar una familia y todo lo que eso significaría era algo a lo que ya se habían acostumbrado, y estaban emocionados por ello. El precioso bebé había estado en su vientre durante poco tiempo, pero ya había comenzado a cautivarles. Tardaron un tiempo en reajustar su modo de pensar.

Incluso en medio del dolor, las preguntas y los corazones rotos; lo único que les sostenía era su fe en Dios. Eso no les quitó el sufrimiento; pero hizo que se acercaran más a Él para presentarle sus preguntas y pedir fuerza y consuelo. De entre los versículos que Dios trajo a la mente de mi hija durante ese tiempo, estaban los siguientes:

> *Detrás y delante me rodeaste, y sobre mí pusiste tu mano. Tal conocimiento es demasiado maravilloso para mí; alto es, no lo puedo comprender.* —Salmos 139:5-6

En estos versículos, David habla de su confianza inconmovible en Dios y en el conocimiento de que Él protege y guarda a su pueblo. Dios los atrae hacia sí. En este contexto, significa algo parecido a cuidar un objeto de valor. Dios cuida de sus hijos amados rodeándolos desde todos los ángulos, y pone su mano cariñosa y reconfortante sobre ellos estén donde estén y en cualquier situación que estén atravesando.

Dios está con nosotros todos los días. En nuestros momentos de más sufrimiento y debilidad, Él nos acompaña y nos da fuerza. Siempre está presente y lo ve todo: cada lágrima, cada angustia, cada amenaza, y todos nuestros sufrimientos. Él lo ve y no se cansa. El Salmo 139 también nos recuerda que Dios conoce a su pueblo y no hay lugar donde podamos ir y escondernos que Él no conozca, y sabe todo lo que está ocurriendo en nuestra vida.

PARA PENSAR

Como mamá, me encantaría poder estar al lado de Brianna para ayudarle en medio de cualquier cosa difícil que pudiera enfrentar, pero no puedo hacer eso. Por suerte, ella tiene un Padre celestial que está ahí para lo que necesite, y sabe todo sobre ella. Él es quien llevará versículos a su mente cuando esté sufriendo para guiarle mientras se enfrenta a las dificultades de la vida. Él es quien hará crecer su fe y le ayudará a procesar las circunstancias. La atraerá hacia Él, poniendo su mano cariñosa y reconfortante sobre ella como nadie más puede hacerlo. Él es nuestro apoyo constante.

MÁS VERSÍCULOS PARA ESTUDIAR Y ORAR

Salmos 5:8; 7:9; 16:11; 19:1.

ORACIÓN

Padre, ¡a veces desearía poder verte! Por favor, dame la capacidad de leer tu Palabra y recordar todas tus promesas. Gracias por conocerme, por saber todo lo que hago y dónde voy, y por ser mi apoyo constante y siempre presente. Te necesito, y necesito sentir que estás a mi lado.

PIENSA:

ORA:

ALABA:

_____

_____

_____

PENDIENTES: ## LISTA DE ORACIÓN:

_____   _____

_____   _____

_____   _____

PREGUNTAS PARA UNA REFLEXIÓN MÁS PROFUNDA

1. ¿Qué haces cuando te sientes sola? ¿Quién crees que está susurrándote al oído que estás sola?

_____

2. Tómate un tiempo para buscar versículos de las Escrituras que te recuerden quién está contigo siempre. ¡Que lo que encuentres te infunda ánimo!

_____

_____

EL GOZO DE LAS PROMESAS DE DIOS

LECTURA: SALMOS 102

El título del Salmo 102 en la Biblia versión Reina Valera 1960 es "Oración de un afligido.

Oración del que sufre, cuando está angustiado, y delante de Jehová derrama su lamento". Es una buena descripción de lo que estaba sintiendo el autor, ¿no crees? Es una oración de lamento de alguien que está pasando por necesidad y clama a Dios.

Al enfrentar dificultades inexplicables, el salmista se acerca a Dios con confianza y admite que está desesperado por Él. Le suplica a Dios que no esconda su rostro, sino que responda con rapidez. También se lamenta por las dificultades que tiene que soportar; parece que ha llegado al límite de sus fuerzas. Ha experimentado dolor, los enemigos lo han atacado, y reconoce la realidad de que la vida es corta. Pero entonces tiene lugar un cambio de enfoque:

> Mas tú, Jehová, permanecerás para siempre, y tu memoria de generación en generación... Entonces las naciones temerán el nombre de Jehová, y todos los reyes de la tierra tu gloria.
>
> —Salmos 102:12, 15

El salmista ha apartado su mirada de las circunstancias y la ha puesto en Dios. Hasta ahora, habíamos visto su dolor muy claramente, pero con este cambio él declara con entusiasmo que su esperanza está puesta en las promesas de Dios. Se aferra a Dios y a sus promesas; sabe que el Señor será fiel a su pueblo.

PARA PENSAR

Cuando leas el Salmo 102, fíjate en que el salmista reconoce sus propias debilidades en varias ocasiones. Después declara lo que ya es obvio: que Dios es fuerte y eterno. Podemos contar con Él porque es fiel y verdadero. La esperanza solo se encuentra en Él. Puede que el autor comenzara sintiéndose desesperanzado, pero termina con el recordatorio de que Dios sigue en el trono y que le dará la fuerza necesaria para perseverar hasta el fin. Puede que no sepa cuál será el resultado de sus circunstancias difíciles, pero confía en Aquel que sí lo sabe y tiene el control.

Todo sufrimiento llega a su fin, ya sea en esta vida o en la siguiente. Como el salmista, tenemos el privilegio de saber que podemos confiar plenamente en Dios sin importar cuánto tiempo tarde en terminar nuestro sufrimiento.

Si quitamos el enfoque de las circunstancias y lo ponemos en Dios, cambiará nuestra perspectiva y nos daremos cuenta de que nuestra esperanza viene de las promesas de Dios. Cuando nos aferramos a Dios y al conocimiento de que Él será fiel a su pueblo, podemos encontrar el gozo verdadero en medio de las dificultades.

MÁS VERSÍCULOS PARA ESTUDIAR Y ORAR

Salmos 39:12; 61:1; 119:169; 142:2.

ORACIÓN

Padre, estoy muy cansada. Necesito verte obrar, sentir tu presencia, y saber que estás a mi lado. Por favor, renuévame y anímame. Sé que has sido fiel en el pasado y que prometes ser fiel en lo porvenir. ¡Eres fiel, y serás glorificado!

PIENSA:

_____

_____

_____

ORA:

_____

_____

ALABA:

_____

_____

PENDIENTES: LISTA DE ORACIÓN:

_____   _____

_____   _____

_____   _____

PREGUNTAS PARA UNA REFLEXIÓN MÁS PROFUNDA

1. ¿Alguna vez has orado para pedirle a Dios que haga algo que renueve tu alma? ¿Por qué crees que Dios quiere que le pidamos eso?

   _____

   _____

2. Dios ha sido fiel en el pasado y será fiel en lo porvenir. ¿Cuál es la razón más importante por la que Él decide ser fiel?

   _____

   _____

EL GOZO DE DERRAMAR TU CORAZÓN

LECTURA: SALMOS 73

¿Alguna vez has experimentado lo que podríamos denominar una "crisis de fe"? ¿Un momento de tu vida que era demasiado difícil o no tenía sentido, y te planteaste si seguía valiendo la pena aferrarse a una fe que no parecía funcionar dadas tus circunstancias? Si es así, encontrarás consuelo en el Salmo 73.

El autor, Asaf, comienza el salmo hablando de lo que ve cuando mira alrededor. Aquellos que no siguen a Dios prosperan y él no. Lo único que ve son personas que no creen en Dios y que incluso se burlan de Él y, aun así, prosperan. Se queja con Dios y está resentido. Dios había prometido cuidar de él, pero no parecía que estuviera cumpliendo su promesa. Asaf incluso fue tentado a irse al mundo y dejar atrás su fe en lugar de confiar en Dios.

La oración de lamento nos da permiso para acudir ante Dios y derramar nuestros corazones, ¡y eso me encanta! Es mejor que le digamos cómo nos sentimos, porque ¡Él ya lo sabe de la misma manera! Cuando le decimos cómo nos sentimos, entablamos una conversación con Él. Eso le da oportunidad de guiar nuestros pensamientos y recordarnos la verdad. Eso es exactamente lo que ocurre en este salmo.

Después de quejarse, el salmista comienza a adorar y la verdad entra en su alma, iluminando los rincones oscuros y llenos de dudas. Dios *sigue siendo* bueno. Su mirada deja de fijarse en el mundo y se fija en su Padre mientras consigue elevarse por encima de sus circunstancias y enfocarse en lo que durará por la eternidad.

PARA PENSAR

Las siguientes verdades, todas ellas sacadas del Salmo 73:23-28, nos motivan a no apartarnos de nuestra fe independientemente de lo que ocurra a nuestro alrededor:

- ✦ Dios me toma de la mano derecha.
- ✦ Dios me guía según su consejo.
- ✦ Dios me recibirá en gloria.
- ✦ Dios es "la roca de mi corazón".
- ✦ "Mi porción es Dios para siempre".
- ✦ "Acercarme a Dios es el bien".
- ✦ Dios es mi refugio.

Podemos descansar y encontrar el gozo porque estamos cerca de Dios; Él es la fortaleza de nuestro corazón y nuestra porción para siempre, sin importar lo que esté ocurriendo a nuestro alrededor. Nuestra necesidad más importante es permanecer cerca de Dios. Cuando hacemos una oración de lamento, siempre llegaremos a esta conclusión. Estar cerca de Dios es el mejor lugar donde podemos estar. Nada se compara con estar cerca de Él, tomar su mano, escuchar su consejo, recibir su fuerza y encontrar refugio en Él.

MÁS VERSÍCULOS PARA ESTUDIAR Y ORAR

Salmos 17:5; 38:16; 94:18; 116:8.

ORACIÓN

Padre, a veces siento que es en vano cuando intento vivir como debería. A menudo siento que no vivo en victoria y que no estoy creciendo, pero entonces recuerdo que tú eres el que me sostiene, me da fuerzas en cada momento, y nunca me abandona. Puedo acudir a ti para encontrar ayuda y seguridad. ¡Te necesito!

PIENSA:

_____
_____
_____

ORA:

_____
_____
_____

ALABA:

_____
_____
_____

PENDIENTES: LISTA DE ORACIÓN:

_____   _____
_____   _____
_____   _____

PREGUNTAS PARA UNA REFLEXIÓN MÁS PROFUNDA

1. Alguna vez has pensado: *¿Por qué me molesto ni siquiera en intentarlo?* ¿De dónde crees que viene esa pregunta? ¿Quién crees que quiere que dejes de perseverar?

   _____

   _____

2. El enemigo hará todo lo que pueda para que te des por vencida. Para derrotarlo, debemos interrumpir las frases que él nos susurra y clamar al Señor en oración y adoración. ¡¿Por qué no lo haces ahora mismo?!

   _____

   _____

DÍA 26

EL GOZO DE DECLARAR CONFIANZA

LECTURA: SALMOS 56

He estado casada por treinta y tres años con un hombre que ha sido un ejemplo vivo para mí de lo que es esforzarse por responder bíblicamente ante circunstancias difíciles (¡y todo tipo de situaciones, la verdad!). Dios ha utilizado a Brian de innumerables maneras en mi vida, pero hay una en particular que es la primera de la lista. Él es lento para hablar, y hace una pausa intencional para pensar antes de responder. La mayoría de las noches, cuando apagamos la luz para irnos a dormir, le oigo suspirar y susurrar la palabra "Padre…". Así sé que va empezar a orar por las cosas que pesan en su corazón.

Como hemos estado casados por más de tres décadas, hemos tenido muchas ocasiones para experimentar juntos la fidelidad de Dios. Mi esposo ha entregado nuestras cargas a Dios noche tras noche con reverencia, y una y otra vez Dios ha escuchado sus suspiros y sus oraciones. Nos hemos convertido rápidamente en una de esas parejas *mayores* que disfrutan hablando de sus experiencias pasadas y de cómo Dios ha obrado en sus vidas. Intentamos no aburrir a los más jóvenes con nuestras historias, pero siendo sincera, ¡es muy difícil no contarlas!

En el salmo de hoy, vemos que David se acerca a Dios de la misma manera en que lo ha hecho tantas veces en el pasado.

Describe sus circunstancias; pero inmediatamente decide responder con un corazón que confía en el Dios que ha demostrado ser fiel. David explica lo que le está ocurriendo, y a continuación declara confianza. Esto lo hace innumerables veces en los salmos, siguiendo el patrón de acercarse a Dios con sus cargas y decidir confiar en el Dios de su salvación.

Me encanta esta oración que está casi al final del salmo:

> *Mis huidas tú has contado; pon mis lágrimas en tu redoma; ¿no están ellas en tu libro? Serán luego vueltos atrás mis enemigos, el día en que yo clamare; esto sé, que Dios está por mí. En Dios alabaré su palabra; en Jehová su palabra alabaré. En Dios he confiado; no temeré; ¿Qué puede hacerme el hombre?*
> —Salmos 56:8-11

PARA PENSAR

Después de treinta y tres años de matrimonio, siento que podríamos escribir un libro con todos los suspiros y las oraciones que mi esposo y yo hemos hecho. Pero, independientemente de la edad que tengas, puedes encontrar consuelo en el hecho de que Dios lleva la cuenta de tus noches en vela, guarda tus lágrimas y recuerda todas tus oraciones. Nunca se cansará de escucharte, y quiere que derrames tu corazón ante Él. Hacer eso es la respuesta para encontrar el gozo y la esperanza en medio del caos y las crisis de la vida.

Puedes estar segura de que Dios está de tu lado. Puedes confiar en Él.

MÁS VERSÍCULOS PARA ESTUDIAR Y ORAR

Salmos 35:1; 55:18; 57:3; 119:58.

ORACIÓN

Padre, gracias por ocuparte de cada una de mis preocupaciones, ya sean grandes o pequeñas. gracias por permitirme acercarme a ti con lo que me carga, ¡y gracias por estar ahí cuando te necesito! ¡confío en ti!

PIENSA:

_____

_____

_____

ORA:

_____

_____

_____

ALABA:

_____

_____

_____

PENDIENTES: LISTA DE ORACIÓN:

_____   _____

_____   _____

_____   _____

PREGUNTAS PARA UNA REFLEXIÓN MÁS PROFUNDA

1. ¿Puedes ver el valor que tiene acercarte a Dios llevando ante Él tus preocupaciones y cargas?

---

2. ¿Crees que quejarte con Dios es algo que no deberías hacer?

---

3. ¿Por qué sí está bien quejarte con Dios o hablar con Él de tus temores y heridas?

DÍA 27

EL GOZO DE ORAR A PESAR DE LA TRAICIÓN

LECTURA: SALMOS 55

El tema de este salmo es la traición. Seguramente puedes identificarte con lo que significa que te den una puñalada por la espalda. Creo que son muy pocas las personas que pasan por esta vida sin sufrir las consecuencias de la hipocresía de otros, pero cuando esa traición viene de alguien a quien tú considerabas una amiga cercana, alguien con quien has compartido tus pensamientos y sentimientos más profundos, puede ser devastador.

Eso me ha ocurrido solo un par de veces en mi vida, y aunque al final lo acepté y pude llegar a entender que Dios lo ha usado para bien, creo que nunca podré superar por completo el rechazo y la traición. Los amigos cercanos son difíciles de encontrar. No es común encontrar a alguien con quien te encuentras tan a gusto que le confías tu corazón. El dolor de que esas personas te den la espalda puede durar años, y a menudo nos hace reticentes a volver a confiar en alguien tanto como confiamos en el traidor.

En el Salmo 55 vemos que David había sido traicionado por un amigo y compañero cercano. Se cree que en este pasaje se estaba refiriendo a su propio hijo Absalón, y a su consejero de confianza Ahitofel (ver 2 Samuel 15-18). David estaba destrozado y quería refugiarse en el desierto. Parece que esa traición incluía algún tipo de maldad, lo cual habría sido mucho más doloroso que el simple rechazo.

¿Y qué hace David? En el versículo 22, dice:

Echa sobre Jehová tu carga, y él te sustentará; no dejará para siempre caído al justo.

Con esta afirmación, describe de dónde vienen su fuerza y su consuelo en medio de esa circunstancia difícil. Confiaba en Dios y en su tiempo a la hora de lidiar con aquellos que le habían dado la espalda.

PARA PENSAR

Si has pasado por la experiencia demoledora de ser rechazada y traicionada por alguien que una vez fue una amiga cercana, quiero decirte que siento mucho que hayas tenido que experimentar eso. Entiendo tu dolor, de verdad que sí. Déjame que te asegure que, aunque tu situación nunca se resuelva, igual que la mía no se ha resuelto, a medida que pasen los años y te distancies un poco de la experiencia, Dios te dará su visión de ella si estás dispuesta a confiarle el dolor y las circunstancias.

Puedes seguir el ejemplo piadoso de David que encontramos en la oración de lamento de hoy. Él lleva a Dios su queja, así como una descripción detallada de su dolor, con la confianza de saber que Él lo escucha y lo ve. Le dice a Dios lo mucho que le duele, y después llega al punto de aceptar lo que ha ocurrido. Le entrega a Dios el dolor, la pérdida, el rechazo y la traición, y expresa su deseo de un día poder ver a su amigo arrepentirse y ser restaurado. Finalmente, David decide confiar en Dios y en sus tiempos en referencia a cómo Él tratará con la persona que le ha hecho daño. Las últimas palabras de este salmo son: *Pero yo en ti confiaré* (v. 23).

Tú también puedes confiar en Él.

MÁS VERSÍCULOS PARA ESTUDIAR Y ORAR

Salmos 10:1; 27:9; 54:2; 61:1.

ORACIÓN

Padre, sé que tú sabes lo que es ser traicionado, porque tu propio hijo fue traicionado y eso le costó la vida. sin embargo, tú usaste su traición para cumplir tu gran propósito de redimir a la humanidad. confío en que usarás la traición que he experimentado para cumplir tus propósitos. ayúdame a confiar en que tú tienes la última palabra.

PIENSA:

_____

_____

_____

ORA:

_____

_____

_____

ALABA:

_____

_____

_____

PENDIENTES:

_____

_____

_____

LISTA DE ORACIÓN:

_____

_____

_____

PREGUNTAS PARA UNA REFLEXIÓN MÁS PROFUNDA

1. ¿Has sido traicionada por alguien que era una amiga cercana?

_____

_____

2. ¿Te ayuda esta oración de lamento a procesar esa pérdida?

_____

_____

3. ¿Cuál es la parte de la oración que más te cuesta hacer?

_____

_____

DÍA 28

EL GOZO DE PEDIR PERDÓN

LECTURA: SALMOS 51

Mi hija siempre ha sido muy sensible. Desde que empezó a hablar, ¡Brianna comenzó a pedir perdón por todo! En la noche no se podía dormir hasta no haber pedido perdón por todo lo que había hecho mal durante el día. Todavía puedo visualizarla en su cama de niña grande, a la edad de tres años, pidiéndome que la perdonara cada noche antes de dormirse. Incluso a esa temprana edad, ella necesitaba tener la conciencia limpia para poder dormir en paz.

Aunque me encantaba que mi hija tuviera un corazón sensible, dudaba que tuviera un entendimiento real del peso del pecado. Llegamos a entender mejor nuestra pecaminosidad a medida que avanzamos en nuestro caminar con Dios. Él ablanda nuestro corazón para estar más en sintonía con el Espíritu Santo, lo cual desarrolla nuestra sensibilidad de saber qué cosas lo ofenden.

David escribió el Salmo 51 después de que el profeta Natán lo confrontó acerca de su pecado con Betsabé y el asesinato de su esposo. Dios usó esa confrontación para abrir los ojos de David a la maldad que había hecho, causando así que confesara su pecado y se doliera por él. El salmo es un buen modelo a seguir cuando necesitamos perdón igual que lo necesitó David.

Vemos que David reconoce su culpabilidad utilizando tres palabras que describen su ofensa:

+ Iniquidad: comportamiento inmoral o injusto.

+ Transgresión: una acción que va en contra de una ley, una norma o un código de conducta; una ofensa.

+ Pecado: un acto inmoral que se considera una transgresión contra la ley divina.

Debido al uso de estas tres palabras descriptivas, sabemos que David era consciente de la profundidad de su pecado contra Dios y sus caminos. Después encuentra consuelo en que el Espíritu Santo habita en su interior, y eso es evidente por el hecho de que le había dado convicción de pecado.

A continuación vemos que David pidió perdón, aferrándose a lo que sabía que Dios es. El Señor es un Dios misericordioso que ha hecho un pacto con David, y eso era suficiente. Finalmente, David sintió gozo porque sabe que Dios lo ha perdonado y que cumplirá sus promesas.

Señor, abre mis labios, y publicará mi boca tu alabanza. Porque no quieres sacrificio, que yo lo daría; no quieres holocausto. Los sacrificios de Dios son el espíritu quebrantado; al corazón contrito y humillado no despreciarás tú, oh Dios.
—Salmos 51:15-17

PARA PENSAR

Esta oración de lamento en particular está hecha por un hombre que se siente verdaderamente dolido por su pecado, y clama a Dios pidiendo misericordia. Después de reconocer todo lo que ha hecho que es una ofensa ante Dios, se toma el tiempo de alabar y dar gracias a Dios por la misericordia inmerecida que ha derramado sobre él. Es mi deseo que nuestro entendimiento de cómo el pecado nos afecta y ofende a Dios pueda crecer, y que podamos regocijarnos en la gracia inmerecida que Él nos ha mostrado. Que estemos tan agradecidas que no tengamos que vivir bajo el peso de la condenación, y que nuestra confesión sea más que el hecho de querer librarnos de la culpabilidad; que sea impulsada por el deseo de tener una buena relación con Dios.

MÁS VERSÍCULOS PARA ESTUDIAR Y ORAR

Salmos 22:24; 34:18; 147:3; Isaías 57:15.

ORACIÓN

Padre, me siento cargada por el peso de mi propia pecaminosidad y mi incapacidad de honrarte. A veces eso es lo único que puedo ver, y siento que vivo bajo una nube de condenación. ¡Eso no es lo que tú quieres para mí! Gracias porque la muerte de tu Hijo en la cruz ha cubierto todos mis pecados. Cuando confieso mis pecados, sé que tú eres fiel para perdonarlos y limpiarme de toda maldad. ¡Gracias por devolverme el gozo de tu salvación!

PIENSA:

ORA:

ALABA:

_____

_____

_____

PENDIENTES: LISTA DE ORACIÓN:

_____   _____

_____   _____

_____   _____

PREGUNTAS PARA UNA REFLEXIÓN MÁS PROFUNDA

1. Es fácil enfocarnos en nuestra pecaminosidad y caer en la condenación, ¿no es así? ¿Quién crees que quiere que vivamos bajo el peso de la condenación? (Pista: no es Dios).

_____

_____

2. Tómate un tiempo para sentarte delante de Dios en silencio y pedirle que traiga a tu mente cualquier pecado en tu vida que no haya sido confesado. Cuando Él lo traiga a tu mente, confiésalo y recibe su amor y su perdón incondicionales.

_____

_____

DÍA 29

EL GOZO DE LA ORACIÓN DE LAMENTO

LECTURA: SALMOS 46

La oración de lamento es una oración poderosa que te ayuda a procesar las dificultades de la vida. Ya sea que estés orando por la tristeza en el mundo o en tu propia vida, es una oración que puedes hacer cuando lo que ves ocurrir a tu alrededor te abruma.

Me encanta que a Dios no le importa que nos acerquemos a Él quejándonos por lo que nos está ocurriendo. ¿Se te ocurre alguien mejor a quien podamos acudir que Aquel que tiene el control de todo, le da sentido a todo lo que ocurre en nuestra vida, y nos da un punto de vista que no podemos encontrar en ningún otro lugar?

El momento clave de la oración de lamento es cuando rediriges tu enfoque y comienzas a descansar en Dios al recordar quién es Él. Ese es el momento de repasar las verdades que sabes acerca de Dios.

Echemos un vistazo a varios de los versículos clave del Salmo 46 y lo que dicen acerca de Dios. Creo que ayuda leerlos en varias traducciones diferentes.

En Salmos 46:1 vemos que Dios es poderoso y siempre está dispuesto a ayudarnos:

* *Dios es nuestro amparo y fortaleza, nuestro pronto auxilio en las tribulaciones.*

- *Dios es nuestro amparo y fortaleza (poderosa e impenetrable), nuestro pronto y confiable auxilio en las tribulaciones.* (AMP, traducción libre)

- *Dios es nuestro amparo y nuestra fortaleza, nuestra ayuda segura en momentos de angustia.* (NVI)

En el versículo 5 vemos que Dios está con nosotros y nos ayudará al amanecer:

- *Dios está en ella, la ciudad no caerá; al rayar el alba Dios le brindará su ayuda.* (NVI)

- *Dios está en medio de ella; no será conmovida. Dios la ayudará al clarear la mañana.* (JBS)

- *Dios está en medio de ella, así que no será movida. Dios la ayudará al amanecer.* (ISV, traducción libre)

En el versículo 7 vemos que el Señor está al mando de los ejércitos celestiales y Él es nuestro refugio:

- *El Señor Todopoderoso está con nosotros; nuestro refugio es el Dios de Jacob.* (NVI)

- *Jehová de los ejércitos está con nosotros; nuestro refugio es el Dios de Jacob.*

- *El Señor de los ejércitos está con nosotros; el Dios de Jacob es nuestro refugio.* (NASB, traducción libre)

- *El Señor de los ejércitos celestiales está con nosotros; el Dios de Jacob es nuestra fortaleza (nuestro refugio, nuestra torre fuerte).* (AMP, traducción libre)

Salmos 46:10 nos dice que estemos quietos y conozcamos que Él es Dios y es digno de toda alabanza y gloria:

- *Quédense quietos, reconozcan que yo soy Dios. ¡Yo seré exaltado entre las naciones! ¡Yo seré enaltecido en la tierra!* (NVI)

- *Dejen de esforzarse y sepan que yo soy Dios; seré exaltado entre las naciones, seré exaltado en la tierra.* (NASB traducción libre)

+ *Estén quietos y conozcan (reconocan, entiendan) que yo soy Dios. ¡Yo seré exaltado entre las naciones! Seré exaltado en la tierra.* (AMP, traducción libre)

+ *Dejen de luchar y sepan que yo soy Dios, exaltado entre las naciones y exaltado en la tierra.* (HCSB, traducción libre)

El versículo 11, que es el último, aterriza las promesas del versículo 7:

+ *Jehová de los ejércitos está con nosotros; nuestro refugio es el Dios de Jacob.*

+ *El Señor de los ejércitos está con nosotros; el Dios de Jacob es nuestra fortaleza.* (NASB, traducción libre)

+ *El Señor Todopoderoso está con nosotros; nuestro refugio es el Dios de Jacob.* (NVI)

PARA PENSAR

Muchas traducciones de los salmos, incluyendo esta, tienen la palabra *"Selah"* al final de un versículo. Esta palabra es una transliteración de una palabra hebrea que se cree que significa "pausa". Al pausar y comenzar a enfocarte en la presencia de Dios y en su poder, en lugar de enfocarte en los problemas que te abruman, te das cuenta de que Él es tu fortaleza y que es mucho más grande que tus circunstancias. Enfocarte en la verdad de quién es Dios, así como en su presencia y su poder en tu vida, te ayuda a comprender que lo que más importa es la verdad acerca de Dios: Él está ahí y es confiable aun cuando todo lo demás no lo es.

¡Selah! ¡Pausa y piensa en eso!

MÁS VERSÍCULOS PARA ESTUDIAR Y ORAR

Salmos 9:9; 14:6; 31:4; 32:6.

ORACIÓN

Padre, parece que el mundo empeora cada día. Hay división, guerras, enfermedades, y desastres naturales. ¡Es abrumador! Tu Palabra me recuerda que tú eres mi fortaleza y el lugar en el que encuentro refugio. Tú eres la única fuente de ayuda, esperanza y paz verdaderas y duraderas; no puedo encontrarlas en ningún otro lugar. Gracias por darnos todo lo que necesitamos para tener paz en esta vida.

PIENSA:

ORA:

ALABA:

PENDIENTES: LISTA DE ORACIÓN:

PREGUNTAS PARA UNA REFLEXIÓN MÁS PROFUNDA

1. ¿Sientes que el mundo se desmorona a tu alrededor? ¿Se te hace difícil creer que realmente has pasado por algunas de las cosas que han ocurrido en tu vida?

_____

_____

2. ¿Qué dice la Palabra sobre quién tiene el control de todo? ¿Te da eso algún consuelo?

_____

_____

EL GOZO DE ALABAR A DIOS

LECTURA: SALMOS 28

Bendito sea Jehová, que oyó la voz de mis ruegos. Jehová es mi fortaleza y mi escudo; en él confió mi corazón, y fui ayudado, por lo que se gozó mi corazón, y con mi cántico le alabaré. Jehová es la fortaleza de su pueblo, y el refugio salvador de su ungido. Salva a tu pueblo, y bendice a tu heredad; y pastoréales y susténtales para siempre. —Salmos 28:6-9

Terminemos este viaje de treinta días orando con las Escrituras y aprendiendo más acerca del gozo bíblico y la oración de lamento, enfocándonos en lo que nos dice este salmo sobre el carácter de Dios y lo que eso significa para nosotras en momentos de dificultades.

Los últimos cuatro versículos del Salmo 28 son palabras que podemos orar con la confianza de saber que Dios escucha nuestro clamor y que podemos confiar en Él. El salmista David ha conocido de cerca el carácter y la fidelidad de Dios en el pasado, y cree en lo que sabe sobre Dios: que Él será fiel de nuevo. Alaba a Dios por escucharlo y por responder a su oración.

Vemos que Dios es confiable y que eso es parte de su carácter cuando meditamos en el versículo 7:

Jehová es mi fortaleza [fuerza, poder] y mi escudo [protección]; en él confió mi corazón [mi mente], y fui ayudado, por lo que se gozó mi corazón [está lleno de gozo], y con mi cántico le alabaré.

En los últimos versículos se nos recuerda que Jesucristo es nuestro Salvador:

Jehová es la fortaleza de su pueblo [aquellos que confían en él], *y el refugio salvador de su ungido* [Jesús]. *Salva a tu pueblo, y bendice a tu heredad; y pastoréales y susténtales para siempre.*

PARA PENSAR

Al leer este salmo, tómate el tiempo para anotar lo que te dice sobre quién es Dios, lo que Dios hace, lo que espera de su pueblo, y cómo deberíamos responder a Él. En cada aspecto del carácter de Dios vemos su protección y su cuidado para con su pueblo, no solo del peligro físico sino también del castigo que merecemos por nuestro pecado.

Sea lo que sea que llegue en el futuro, o lo que estés enfrentando en este momento, cuando tomas tiempo para enfocarte en las verdades acerca de quién es Dios, serás llena de la esperanza, la confianza, la fuerza y la seguridad de que Dios te dará lo que necesitas para enfrentar cada día. También sabrás que la vida es mucho más de lo que ves. Dios es fiel; está ahí para ti ahora mismo, estará ahí para ti en el futuro, y anhela pasar la eternidad contigo.

¡Eso te dará gozo para el día de hoy y esperanza para el día de mañana!

MÁS VERSÍCULOS PARA ESTUDIAR Y ORAR

Salmos 18:2; 28:2; 31:21-22; 66:19-20.

ORACIÓN

Padre, te pido por la persona preciosa que sostiene este libro y ha caminado conmigo a lo largo de este viaje de treinta días. Te doy gracias por guiarle a través de este diario de devocionales y poner en ella el deseo de encontrar el gozo que solo se encuentra en ti. Te pido que crezca en su entendimiento de quién eres tú, y que continuamente acuda a ti y recuerde que tú has sido fiel en el pasado y que seguirás siendo fiel en el futuro.

VERSÍCULOS DEL DÍA

Bendito sea Jehová, que oyó la voz de mis ruegos. Jehová es mi fortaleza y mi escudo; en él confió mi corazón, y fui ayudado, por lo que se gozó mi corazón, y con mi cántico le alabaré. Jehová es la fortaleza de su pueblo, y el refugio salvador de su ungido. Salva a tu pueblo, y bendice a tu heredad; y pastoréales y susténtales para siempre. —Salmos 28:6-9

PIENSA:

ORA:

ALABA:

PENDIENTES: LISTA DE ORACIÓN:

PREGUNTAS PARA UNA REFLEXIÓN MÁS PROFUNDA

1. Piensa en un momento en el que enfrentaste alguna circunstancia que te hizo tener miedo o sentirte abrumada. ¿Qué circunstancia fue?

---

2. ¿Puedes ver que Dios fue fiel en ese momento? ¿En qué sentido fue fiel?

---

3. ¿Te ayuda la oración de lamento a procesar las circunstancias difíciles y te da esperanza?

---

4. ¿Cómo se relacionan la oración de lamento y el gozo bíblico?

ACERCA DE LA AUTORA

Gina L. Smith es autora, presentadora de un *podcast*, y mentora de oración de Million Praying Moms.

Gina y su esposo Brian han estado casados por más de tres décadas, y fueron los padres adoptivos del campus de una universidad cristiana en la que Brian era profesor y decano de estudiantes. Fueron mentores de cientos de estudiantes universitarios y de seminario bíblico, así como de parejas jóvenes de todo el mundo.

Gina tiene un grado en estudios bíblicos de la Universidad Bíblica de Washington/Seminario Bíblico Capital.

Ha escrito para diversas organizaciones, incluyendo Million Praying Moms. También es la autora de *Grace Gifts: Practical Ways to Help Your Children Understand God's Grace* [Dones de gracia: Maneras prácticas de ayudar a tus hijos a entender la gracia de Dios].

Gina y Brian tienen dos hijos adultos y viven en el área metropolitana de Washington, D.C.

Para contactar con Gina, visita www.ginalsmith.com.